Walter Küchler

s' Kunstihuis

AF199068

s' Kunstihuis

Eine Reise- bezw. Lebenserzählung

Walter Küchler

Impressum

2. Auflage 2017
© 2017 Walter Küchler
Alle Rechte vorbehalten

Umschlag und Gestaltung: Brigitte Küchler
Fotos: Familienarchiv
Herstellung: BoD – Books on Demand, Norderstedt

ISBN 978-3-7460-6010-1

Vorwort

Oft sitzen wir da und lassen uns gedanklich mitnehmen in die verschiedensten Themen des Alltags. Sofern wir nicht bewusst ein bestimmtes Thema ansteuern und überdenken, lassen wir uns einfach davon berieseln. Plötzlich kann ein Gedanke besonders in den „Vordergrund" treten und uns nicht mehr loslassen. Da gilt es zu entscheiden, welcher Gattung und Qualität dieser Gedanke resp. das daraus resultierende Thema angehört. Oft ist es wichtig, dass wir einem ankommenden Gedanken oder Thema sofort unser Nein entgegenhalten, wenn wir merken, dass es negativen Charakters ist. Spontane Ideen, deren Inhalt uns zu weitern Ueberlegungen anspornen, können immer und bei jeder Gelegenheit auftauchen. So etwa ist denn auch der Entschluss, mein bisheriges Leben als kurze Erzählung zu beschreiben, entstanden. Dabei war auch der Wunschgedanke ein Thema, der Erzählung ein paar Hinweise aus der Spiritualität ein- bezw. anzufügen, als Hilfe um manches Alltags-Problem zu lösen.

So kam es

Es war an einem Novembertag im Jahre 1992 in Darjeeling, einer hübschen Kleinstadt mit etwa 60'000 Einwohner auf einer Bergterrasse in 2000 m Höhe. Soweit das Auge reicht eine schöne hügelige Landschaft des östlichen Himalaya. Die Stadt verströmt ein Hauch aus einem Gemisch von indisch - nepalesischer Schönheit und die fantastische Aussicht auf den 8598 m hohen „Kanchenjunga", dem dritthöchsten Berg der Erde, ist eine Wohltat für unsere Augen und unser Gemüt. Die Stadt bietet viel Angenehmes. In einem einfachen, jedoch hübschen und gemütlichen Hotel hatten wir unser Zimmer mit Balkon und mit Aussicht über das Dorf und die weitum grünen Flächen der Teeplantagen. Nach einem kurzen Fussmarsch waren wir bei der Anlage der Teeverarbeitung „Happy Valley Tea Estate" wo uns der interessante Verarbeitungsprozess gezeigt wurde. Der Tee gedeiht auf den Hängen der Umgebung und wird von Frauen gepflückt. Es ist ein lieblicher Anblick, die kleinen Kinder von den in der Plantage tätigen Frauen, in einer von jungen Frauen wohlbehüteten Atmosphäre zu sehen. Nebst Teeplantagen gibt es in Darjeeling auch schöne Parkanlagen und Möglichkeiten für ausgedehnte Spaziergänge oder wir haben von der Terrasse des Hotels bei einem Drink die fremde und doch so angenehme Atmosphäre genossen. Eines Morgens um 0300 ertönte draussen in den Strassen ein lautes Rufen „it's time – it's time (es ist Zeit – es ist Zeit)" und weckte uns, d.h. Maria und mich, aus dem Schlaf. Mehr als ein halbes Dutzend Geländewagen standen in der Strasse vor unserm Hotel und deren Fahrer marschierten durch alle Gassen mit ihren Weckrufen. Ja, wir wussten eigentlich um welche Aktion es sich handelte, denn auch wir haben uns am Vorabend zur Teilnahme angemeldet. So wollten wir keine Zeit verlieren und kleideten uns rasch an und schon bald haben wir in einem der Geländewagen

Platz genommen. Bis alle Wagen besetzt waren verdrängte noch das laute Rufen und Gehupe die frühmorgendliche Ruhe dieser für indische Verhältnisse ruhigen Umgebung. Jetzt wurde das laute Rufen und Diskutieren abgelöst vom Dröhnen der Motoren und die Karawane der Geländewagen setzte sich in Bewegung, weg von der Strasse, hinauf über einigermassen befahrbare Bergwege. Gekonnt lenkten die Fahrer ihre Wagen durch alte, tiefe Fahrrinnen und wenn auch etwas holprig, aber wir hatten den Spass daran.

Langsam wurde die Nacht vom Tag abgelöst und kurz vor Sonnenaufgang waren wir am Ziel, oben auf dem „Tiger Hill" mit seinen 2660 m über Meer angelangt. Ich musste mir nun bewusst werden, dass all das Wirklichkeit und kein Traum war. Wir befanden uns an der Grenze zu Nepal. Vor uns ein Bild mit dem Himalaya, hinter deren Spitzen die Sonne sich den Tag holte und alles in einen mayestätischen Anblick verzauberte. Einen Moment lang war ich mir nicht klar, ob ich es wirklich bin der hier weit ab von meiner Heimat dieses Schauspiel miterleben darf. Nach langem Staunen sind wir dann zusammen mit 2 andern Touristen, welche wir vor ein paar Tagen bei der Anreise kennen gelernt haben, zurück marschiert nach Darjeeling. Am späten Abend sind wir müde und überwältigt von den Eindrücken des vergangenen Tages auf unser Zimmer gegangen. Die Hoteleigentümerin, eine liebe Frau mit typisch nepalesischem Aussehen, wir nannten sie „Müeti", hat uns noch Tee auf das Zimmer gebracht und eine Petrol-Lampe, wie wir sie von früher als sog. Stalllaterne kannten, vor die Zimmertür gestellt, sollte es zu einem Stromausfall kommen.

Noch lange haben wir über unsere bisherige Reise und die damit verbundenen Erlebnisse geplaudert. Wir mussten doch den weitern Reiseverlauf und damit die notwendigen Aktivitäten der folgenden Tage besprechen. Also ist ein Weiterplanen, verbunden mit einer Rückschau des bisherigen Reiseweges angebracht.

Ende Okt., am Vorabend des indischen Festes Diwali, sind wir auf dem Flughafen von Bombay, (dem heutige Mumbai) gelandet. Was wir hier als erstes erlebt haben, grenzte bereits an Geschehnisse des Uebersinnlichen. Voller Spannung was uns hier in Indien die nächsten 5 Wochen erwartet sind wir zur Kofferausgabe gegangen, haben unsere Gepäcke, wir hatten jedes einen Rucksack, genommen und uns vor der Zoll-Abfertigung in die dort bereits wartende Menschenmenge eingereiht. In dem einen Rucksack hatten wir Ersatzteile für 2 schwere Motorräder. Für jedes 1 Reserve-Kettenrad, einen Lötkolben mit Gascartouche, sowie 20 Filme für Dia und vieles andere. Zur selben Zeit als wir die Reise geplant haben, sind unser Sohn und seine Freundin, jedes mit einem Töff, auf eine Weltumrundung aufgebrochen und terminlich sollten wir sie hier in Indien nun treffen und ihnen dieses Material übergeben. Also standen wir mit all dem Material im Gepäck vor der Zoll-abfertigung in Erwartung was da kommen wird. Was dann kam war ein Flugplatzangestellter. Dieser kam zu mir als würde er mich kennen, packte mich am Arm und hat uns hinausgewiesen zum Ausgang, und dadurch die Zollabfertigung zu umgehen. Ich war so erstaunt, dass ich Maria bei der Hand nahm, und ohne zögern sind wir dieser Aufforderung gefolgt. Doch leider hat das der Beamte vorne am Abfertigungs-Schalter gesehen und mit wilden Gesten und lautem Gezeter uns zurückgepfiffen. Aber dieser hatte keine Chance gegen den Flugplatzangestellten der sofort intervenierte und mich erneut am Arm fasste und sagte wir sollen ihm folgen. Unbeschadet geleitete dieser uns hinaus, von wo wir mit einem Taxi ins Hotel fuhren. Noch am gleichen Abend haben wir die für unsern Sohn vorgesehenen Materialien in eine Schachtel verpackt um dies dem Sohn, den wir diese Woche hier in Bombay zu treffen hofften, zu übergeben. Für die folgenden 3 Nächte haben wir im Hotel noch gebucht und schlenderten so die nächsten Tage kreuz und quer durch Bombay. So lernten wir einen Inder, Namens Ali, kennen mit sehr guter Deutsch-Sprach-Kenntnis. Als wir vom Sohn nichts hörten, was uns natürlich sehr beschäftigte, mussten wir das Paket, der Vereinbarung entsprechend, auf der Schweizer-Botschaft deponieren, denn wir hatten bereits einen Flug nach Bangalore gebucht. Für den Weg zur Schweizer-Botschaft und um dort rasch zum Ziel für unser Anliegen zu kommen hatten wir unsern indischen Helfer. Ali hat uns begleitet und auf indische Art den sofortigen Zugang ermöglicht und wir konnten ruhigen Gewissens am nächsten Tag zum Airport gehen und nach Bangalore fliegen, wo wir dann am frühen Abend gelandet sind. Bangalore war für uns eine wichtige Destination. 80 km nördlich davon gibt es ein Dorf mit dem Namen Puttaparthi. Dort hat der Guru Sai Baba sein Ashram, den wir besuchen wollten, haben wir doch zu Hause schon des öfter Vorträge in Filmvorführungen über die geistigen Fähigkeiten dieses Mannes gehört. Und wir wollten es uns nicht nehmen lassen, ihn selber kennen zu lernen und uns von seinen Tätigkeiten zu überzeugen. Alle Inlandflüge hatten wir noch in der Schweiz gebucht aber Zimmer-Reservation haben wir nur für die erste Destination getätigt. Also war hier in Bangalore die erste Tätigkeit, ein Zimmer zu suchen. Den besonderen indischen Duft in der Nase und voll der Eindrücke der letzten Tage suchten wir uns einen Weg durch die Millionenstadt Bangalore und ohne wählerisch zu sein buchten wir bei der erstbesten Gelegenheit ein Zimmer. Oh, das war denn wirklich eine billige Absteige. Aber für den Moment war uns wichtiger, etwas gegen den Hunger zu unternehmen und wieder waren wir in den Gassen wo wir schon bald in einem Restaurant auf den Kellner warteten. Noch wussten wir nicht, ob wir Morgen mit der Bahn oder mit einem Bus nach Puttaparthi fahren und redeten noch davon, dass wir uns zuerst in einem Reisebüro hier in der Stadt erkundigen müssen. In diesem Augenblick kamen zwei Herren (Inder) daher, nahmen, heftig diskutierend, am Tisch neben uns Platz. Wie wir da zu diesen Herren schauten, nahm der eine aus seiner Westentasche ein Bündel Passfotos, so wie wir das bei uns kennen, immer 4 Fotos pro Blatt. Sie nahmen Blatt um Blatt und mit kritischem Blick kontrollierten sie die Bildqualität. Es entging uns nicht, dass auf jedem dieser Foto Sai Baba abgebildet war. Im Moment schien es, als hätten wir unsere Sinne verloren. Doch ich fasste mich und sprach diese Herren an: „Entschuldigung, es ist nicht Absicht, Sie zu kontrollieren, doch sehen wir hier die Fotos von Sai Baba in Ihren Händen und fragen, ob Sie uns erklären können wie wir Morgen nach Puttaparthi zu seinem Ashram gehen können." Die Antwort erstaunte uns einfach unglaublich. Sie fragten nach unserm Hotel und der eine Herr verschwand für ein paar Minuten, kam dann zurück mit der Antwort: „Seid am Morgen um 0700 vor dem Hotel bereit, Ihr werdet von einem Taxi abgeholt und an den Rand der Stadt geführt, wo Sai Baba Morgen eine sog. Sitzung abhält, denn er ist Heute Abend hier in Bangalore gelandet und wird sich eine Woche lang hier aufhalten." Einfach unglaublich. Kann man hier noch von Zufall sprechen oder ist doch mehr dahinter? Wieder müssen wir auch an das Erlebnis im Flughafen von Bombay denken. Die Verzollung dort hätte uns nach späteren Erkundigungen nicht weniger als 1000 Schweizerfranken gekostet! Wir sind erst eine Woche in Indien und die bisher erlebten Ereignisse übersteigen schon jetzt unser „normales" Real-Denken.

Natürlich war Schlafen diese Nacht nicht unser Thema. Wir hatten genug zu bereden und während der ganzen Nacht waren auch die Moskitos und die lieben Kakerlaken auch nicht untätig. Also voller Spannung stiegen wir am Morgen zu dem Taxi und erlebten nach einer Stunde Fahrtzeit Tun und Wirken von Sai Baba persönlich. Es war faszinierend, zu sehen und zu hören was möglich ist, sofern wir fähig sind, unser Denken an das Reale nicht als das Absolute anzusehen, sondern ein „Sich hineingeben" in eine mentale Welt akzeptieren. Man hörte da so einiges erzählen und wie immer in solchen Situationen ist auch hier ein gesundes Abwägen des Gehörten notwendig. So wurde uns auch das Folgende zugeflüstert: „Denkt mal, was muss das für eine Blamage sein für die 2 Journalisten, welche von Amerika hierher geflogen kamen und im Flugzeug miteinander eine Möglichkeit, Sai Baba in die Irre zu führen, besprochen haben, dann aber beim ersten Kontakt mit ihm darauf hingewiesen wurden, das im Flugzeug Besprochene doch besser zu vergessen!".

Während des Tagesablaufes wurde an alle Anwesenden Tee und Kaffee, hergestellt aus wohl warmem aber nicht abgekochtem Wasser, verteilt, was jedoch bei uns heiklen Europäer nicht so gut ankam, hatte doch während der folgenden Nacht Maria sehr mit Übelkeit zu kämpfen. Ich ging in der Nacht auf die Strasse und holte dort an einem Verkaufsstand, welche übrigens die ganze Nacht offen auf der Strasse ihre Ware anbieten, Coca Cola, was Maria sehr geholfen hat. Für den nächsten Tag hier in Bangalore haben wir auf dem Zurückweg anschliessend des Ashram-Besuchs in einem Reisebüro eine Busreise für 3 Tage nach Mysore und Ootacamund, oder einfach Ooty genannt, gebucht, denn wir haben jetzt Zeit, da das Thema Puttaparthi bereits erledigt war. Mysore ist eine in den Western Ghats gelegene Residenzstadt mit vielen Sehenswürdigkeiten und Ooty ist eine Universitätsstadt auf ca. 2000 m über Meer. Trotz Maria's schlechter Nacht hat sie sich am Morgen entschlossen mitzufahren. Beim ersten Znüni-Halt hat sich Maria mit Konsumation zurückgehalten, da ihr Wohlbefinden noch etwas angeschlagen war. Da kam ein junges indisches Paar auf uns zu und stellte sich als Ayurveda-Ärzte vor. Sie haben Maria geraten, dort am Stand eine Kokosnuss zu kaufen und den darin enthaltene Saft zu trinken, denn das ist absolut keimfrei und reinigt die Säfte im Körper. Tatsächlich ging es nicht lange und Maria war wieder wohlauf, wurde aber während der ganzen Reise noch, ohne aufdringen zu wollen, von diesem Paar ärztlich betreut. Ist diese Begegnung ein Zufall? Diese Busreise war ein wunderbares Erlebnis mit unbeschreiblich vielen fantastischen Eindrücken. Zurück in Bangalore und nach einem kleinen Stadtbummel haben wir schon bald tief und gut geschlafen. Am nächsten Tag war noch einmal ein Stadtrundgang mit Besichtigung allerlei Sehenswertem auf unserm Programm um dann am nächsten Morgen wieder zum Airport zu fahren und den bereits gebuchten Flug nach Madras zu nehmen. Madras ist eine am Golf von Bengalen im südindischen Bundesstaat Tamil Nadu gelegene Stadt mit 4,3 Millionen Einwohner. Natürlich war auch hier jeder Augenblick für uns eine Erfahrung spezieller Art. So wollten, als wir am Strand relaxten, 2 junge Männer uns dazu bringen, für sie eine Packung „Stoff" mit nach Europa zu nehmen.

Am 08. Nov. wurde mit dem Flug von Madras nach Bagdogra mit Umsteigen in Calcutta unsere Reise fortgesetzt. Bei der Ankunft in Bagdogra, auf einem ehemaligen Militärflugfeld mit einem kleinen Abfertigungsgebäude, mussten wir in Kolonne stehen und auf die Einreisebewilligung in das Protektorat Sikkim warten, denn Darjeeling liegt in diesem Protektorat und für eine Einreise dorthin ist hier eine Bewilligung zu erstehen. Nach zähen 2 Stunden war es dann soweit und wir nahmen uns ein Taxi für die Fahrt nach Darjeeling. Eine andere Möglichkeit ist dort eine Eisenbahn. Aber mit dieser wären wir einen ganzen Tag unterwegs und wir müssten hier in Bagdogra für die kommende Nacht noch ein Zimmer suchen. Also haben wir die Variante mit dem Taxi vorgezogen. Die gleiche Überlegung machten sich auch ein Vater mit der Tochter aus Norwegen, und so ergab es sich, dass wir miteinander diese

Fahrt unternommen haben. Diese Taxifahrt dauerte natürlich auch einige Stunden, denn oft streikte der Motor, und um eine Weiterfahrt zu erwirken, hat unser Taxichauffeur ein oder auch mehrere Räucherstäbchen in der einen Hand , die Motorhaube geöffnet und mit den wohlriechenden Stäbchen einige Handbewegungen über den dampfenden Motor ausgeführt. Führte dies noch nicht zu einem positiven Ergebnis, so machte er die beschwörenden Bewegungen um und in dem ganzen Auto. Und siehe da, der Motor war wieder gewillt, seine Pflicht zu tun oder wir waren der Meinung, nun hat er sich wieder abgekühlt. (doch in Indien ist ein westliches Denken nicht oportun!)

Und so erreichten wir am Abend Darjeeling und wie es uns dort gegangen ist, wissen Sie nun bereits.

Auf diesem Flughafen von Bagdogra hatten wir dann später als wir von Darjeeling zurück kamen über 2 Stunden Verspätung beim Abflug zurück via Calcutta. Es musste im Flugzeug eine Stuhlreihe wegmontiert werden um Platz zu machen für eine Liegebahre mit einem schwerverletzten Passagier. Dieser Zwischenfall machte unser Programm etwas durcheinander, denn in Calcutta war unser nächster und letzter gebuchte Flug bereits auf dem Startfeld als wir von Bagdogra her dort gelandet sind. Vorgesehen war ein Flug nach Varanasi und von dort, so dachten wir, nehmen wir die Eisenbahn nach Dehli um abschliessend auch diese Reisemöglichkeit genutzt zu haben. Doch nun standen wir im Airport von Calcutta wie bestellt und nicht abgeholt und berieten was nun zu tun sei, denn nun ist es bereits Nachmittag um 1600 und der nächste Flug nach Varanasi ist 3 Tage später. Wir erkundigten uns am Schalter nach Möglichkeiten und es wurde uns empfohlen, in der Stadt Calcutta ein Zimmer zu nehmen und den nächsten Flug abzuwarten, aber wir mochten nicht in Calcutta absteigen und so habe ich vorgetäuscht, wir würden in Varanasi von

Freunden erwartet. Also kam das Angebot, sie würden unser vorhandenes Flugticket ohne Aufpreis ändern auf einen Flug direkt nach Dehli, welcher um 1715 abheben werde und von Dehli seien die bessern Flugverbindungen zurück nach Varanasi. Wir mussten uns sofort entscheiden, dann würde der Gate für uns nochmal geöffnet werden. Sowohl Maria wie ich hörten sofort die uns bereits bekannte innere Stimme wir sollen dies Angebot annehmen und wie schon so oft in solchen Situationen wussten wir, dass wir uns für das Kommende nicht weiter bemühen müssen, denn alles wird die richtige Richtung nehmen. So sind wir noch am gleichen Abend in Dehli gelandet und haben bald ein schönes Zimmer beziehen können. Wir haben uns entschlossen, an Stelle von Varanasi nun Agra zu besuchen und noch bis Heute sind wir froh über diese Entscheidung. Also sind wir am folgenden Tag zur Bahn-Station gegangen um ein Ticket nach Agra zu besorgen, aber in Indien mit der Eisenbahn zu reisen ist nicht sehr speditiv und angenehm. Am Schalter für die Tickets hat sich der Beamte von seinem hohen Stuhl herunter gelassen, als er merkte mit Touristen zu sprechen. Er hat uns in den Wartesaal verwiesen und glaubte, dass es vielleicht am nächsten oder eventuell am übernächsten Tag wieder ein Platz für uns gebe nach Agra zu fahren. Der Wartesaal übrigens war nach Geschlechter getrennt, also 1 Saal für die Frauen und 1 Saal für die Männer. Ein Blick in einen dieser Wartesäle war alles andere als einladend. Da lagen oder „hockten" die Menschen am Boden herum, teilweise auf ihren Kleider oder man sah auch sofort, wenn es junge Touristen waren, denn diese hatten einen Schlafsack dabei. All das hat selbstverständlich nicht unsern Gefühlen entsprochen und so sind wir wieder davon geschlendert und 10 Minuten vor 1700 sind wir bei einem Reisebüro vorbei gekommen und unserer Intuition entsprechend sind wir hinein gegangen und sahen, dass um 1700 geschlossen wird.

Und es stehen noch 2 Personen vor dem Schalter, also für uns kaum noch möglich bedient zu werden. Aber trotzdem nahmen wir noch eine Ticket-Nr. Im selben Moment wirft der eine Wartende seine Nummer weg und verlässt den Raum und der andere ist jetzt bereits am Schalter. Soeben wird als nächster und letzter Kunde unsere Nr. aufgerufen. Wir erhielten ein Flugticket für den nächsten Morgen nach Agra, der Stadt des Taj Mahal. Für die nächsten Tage haben wir in Agra ein Zimmer gebucht und von hier sind wir einige Male zum Taj Mahal gelaufen oder sind bei einem Rikscha-Fahrer aufgestiegen um dann in der schönen Parkanlage, wo keine Bettler Einlass erhalten, echte Feriengefühle aufkommen zu lassen, oder wir haben verschiedene interessante Tagesausflüge unternommen. Auch von hier wurden wir gebeten, etwas nach Europa mitzunehmen. Wir sassen auf einer Bank und da kam eine indische Familie mit einer ca. 15 jährigen Tochter zu uns und bettelte, wir sollen doch ihre Tochter mit uns nach Hause nehmen. Sie waren sehr hartnäckig in ihrem Versuch, so dass sich die Tochter kurzerhand mir auf die Beine setzte und ich hatte alle Mühe zu erklären dass dies ein unmöglich zu erfüllender Wunsch sei, Eines Tages hat es mich gereizt, einen „Besuch" im Slum zu machen, aber sobald wir diese Gegend betraten, hat jemand gerufen „hier durchzugehen ist für Touristen verboten". Ich konnte diesem Rufer jedoch klar machen, dass wir wohl Touristen sind, jedoch ohne Fotoausrüstung. Und so konnten wir unsern Weg fortsetzen. Nach wenigen Schritten schon kam eine kleine Steigung der Strasse und ein Mann schob sein Velo mit Anhänger voll beladen mit Eisenstangen, dort hinauf. Ich trottete nebenan und mit der einen Hand an seinem Veloanhänger half ich ihm diese schwere Last zu schieben. Entgegen unserer Erziehung als Kinder zu Hilfsbereitschaft, kam da ein Polizist des Weges und belehrte mich des folgenden: Ich dürfe diesem Mann seine schwere Aufgabe nicht abnehmen, sonst könne er sein Karma während dieser, seiner jetzigen Existenz auf Erden, nicht erfüllen und müsse im nächsten Leben wieder in der gleichen Kaste wiedergeboren werden".

Am 23. Nov. sind wir nach Dehli zurück geflogen und die letzten paar Tage unserer Indienreise waren noch ausgefüllt mit verschiedenen Tätigkeiten, so z. B. haben wir uns in der Schweizer Botschaft erkundigt, ob das Paket von unserm Sohn abgeholt worden ist. Das war nicht der Fall und sofort hat sich meine Intuition mit deutlichem Gedanken gemeldet, dass vielleicht der Sohn und seine Freundin auf der Reise persönliche Differenzen hätten und daher die Route geändert haben. Sicher müssten wir uns keine Angst machen, es komme schon gut. Diese Vermutung hat sich bestätigt, als wir wieder zu Hause angekommen sind und einen Brief des Sohnes da war. Dazu später ein paar Worte, momentan sind wir noch in Dehli wo wir noch einen Tanzabend mit wunderschönem Indischen Tanz besuchen oder einfach herumschlendern und dem Leben auf Indiens Strassen zuschauen.

Am 28. November sind wir von Dehli wieder zurück in die Heimat geflogen. Es war ein angenehmer Flug. Ich sagte zu Maria, „nehmen wir doch zu meinem Geburtstag einen Whisky", denn Whisky trinkt Maria ab und zu auch sehr gerne. Ich habe nicht beachtet, dass das unsere Flugbegleiterin hörte. Bald darauf hat sie mir und Maria ein Stück Schwarzwäldertorte gebracht und mir zum Geburtstag gratuliert. Solche Aufmerksamkeiten machen Freude und wir hatten, zusammen mit den Sitznachbarn unsern Spass. Ja, der Flug war ruhig und schon bald wurde es still und die Lichter wurden auf ein Minimum zurück gedreht. Ich habe die Stunden des ruhigen Dahingleitens auf 10'000 Meter Höhe genutzt um mir viele Bilder der vergangenen Wochen ins Gedächtnis zu holen. Und vielleicht lag es an der Höhe oder einfach an der Zeit, dass ich plötzlich das gesamte Bild des bereits vergangenen Lebens vor mir hatte. Dabei sind Erlebnisse und Erfahrungen, welche nicht so schnell einzuordnen sind, in der ganzen Farbenpracht da gewesen und haben ein wenig den darin enthaltenen Zusammenhang mit meinem gesamten Dasein aufgezeigt. Es waren Bildkombinationen, welche zu interpretieren ein neues Kapitel ergeben. Aber zuerst müssen wir noch zu Hause ankommen.

Eigenartig fühlt sich der Boden im Flughafen Zürich an und das Gemisch von erst erlebten Eindrücken nun zusammen mit der wohlvertrauten schweizerischen Lebensart muss wieder ins Lot gebracht werden. Als erstes muss zu Hause die eingegangene Post durchgesehen werden. Da liegt auch der Brief des Sohnes dabei. Er schreibt aus einem Spital in Kenya, dass er sich dort von einer Gürtelrose erholen müsse, und weil seine Freundin sich dort in einen Tauchlehrer verguckt habe, werde er über den weitern Verlauf der Reise nachdenken und zu einem spätern Zeitpunkt berichten. Da war klar, dass meine in Dehli gemachte Vermutung stimmt. Also haben wir unserem Freund Ali in Bombay geschrieben dass er bei der Schweizer Botschaft das Paket wieder holen und uns schicken soll. Selbstverständlich würden wir ihm alle Auslagen und seine Dienste vergüten, aber seither haben wir nie mehr von Ali gehört. Ach was, wir gönnen ihm alle die Sachen, hoffen, dass er es zu einem guten Preis verkaufen konnte. Der Ruf auf allen Strassen und in allen Ecken Indiens wo Kinder, Männer und Frauen irgend etwas anzubieten haben tönt noch in unsern Ohren: Gut Preis! Gut Preis!

Natürlich haben wir auch unsere Tochter wieder in die Arme schliessen können, ist sie doch erst vor einem Jahr von Ihrer einjährigen Erlebnistour per 2CV quer durch Afrika bis hinunter nach Johannisburg zurückgekehrt. Wir sind uns nicht so ganz sicher, hat sie von uns oder wir von ihr gelernt, denn als sie einmal für ein 2CV- Rallay nach Australien reiste, haben wir von ihr eine Karte erhalten mit dem Text: „Liebe Eltern, habt keine Angst, denn das Leben ist immer lebensgefährlich!"

Ein Blick zurück:

Ich war das sechste Kind in der Familie, welches kurz nach Mitternacht an einem Sonntag im Sternzeichen Schütze im Jahr 1937 geboren wurde. Ich wurde liebevoll gepflegt, trotzdem sich meine Mama auch noch um die andern Jungs kümmern musste. Der älteste Bruder war grad mal zehn, ein Mädchen stand 2 Monate vor dem achten Geburtstag und 3 Brüder noch im Vorschulalter. Sie waren natürlich alle noch voll Verlangen der mütterlichen Zuneigung. Sicher war ich ein kleiner Schreihals und wollte mehr, als mir die kleine Welt um mich herum geben konnte. Mein Papa war ein fleissiger und liebevoller Handwerker. Er hatte eine kleine Werkstatt, in welcher er seinen Beruf als Küfer ausübte. Ich erinnere mich gut an das Küferlied, das er uns immer vorgesungen hat, wenn wir ihm bei seiner Arbeit um die Beine schlichen. „Drum drum drum, der Küfer geht ringsum, er schlägt dem Fass die Reifen an dass der Most schön drinnen bleibt". Natürlich war alles auf Handarbeit ausgerichtet, bis ich dann später als Junge während meiner Lehrzeit als Mechaniker für ihn eine Kreissäge machte. Ueberall war mein Vater hilfsbereit und bei allen beliebt.

Unser Haus hat er in den Dreissigerjahren selber erbaut. Es war eine gute, einfache Architektur. Zu unterst hatte er seine Werkstatt mit einem kleinen Reduit von welchem eine Treppe hinunter führte in den Keller. Dieser war somit komplett unter der Erdoberfläche und dadurch sehr ideal zum lagern von

Kartoffeln, Obst, Most u.s.w (sofern etwas vorhanden war). Doch jedes mal, wenn ich hier Kartoffeln, ein Honigglas oder was auch immer zu holen hatte, man brauchte hier eine Taschenlampe, hatte ich bestimmt eine Kröte vor den Füssen. Die Mäuse hörte ich nur, wenn sie über die Bretter davon huschten, ausser es hat sich eine verirrt und kann sich nicht entscheiden, ob rechts oder links davon zu rennen.

Im ersten Stock, welcher aussen am Haus über eine Treppe erreichbar war, befand sich, etwas abgesetzt neben der Haupttüre zum Eingang, zuerst ein Plumps-WC. Dies wurde jedoch vom Hausdach überragt wie auch die Treppe an der Hauswand. Hat man die Haupttüre passiert, war man in einem kleinen Korridor mit Eingang zu einem Stübli und gegenüber zur Küche. Am Ende des Korridors befand sich der Eingang zur Kammer (resp. Eltern-Schlafzimmer) und nebenan ging's zur Stube. Diese Stube war vor allem für Festlichkeiten wie Ostern, Weihnachten oder auch für Besuch gedacht. In der Küche war die Treppe zum obern Stockwerk angebracht. Dort waren 2 Zimmer auf Südostseite mit Blick über den See und in die Berge. Natürlich gab es hier keine Heizung. Im Winter wurde der kleine Holzofen im Stübli eingefeuert und da in der Küche mit einem Holzherd gekocht wurde, konnte man bei offenen Zimmertüren doch im ganzen Haus von der dadurch erzeugten Wärme profitieren. Der Kachelofen in der Stube war von der Küche aus zu beheizen, was allerdings nur erfolgte, wenn die Stube benützt wurde.

Aber jetzt bin ich erst mal kurz vor meinem zweiten Geburtstag, als der zweite Weltkrieg ausgebrochen ist und das machte die Tage noch karger als sie schon waren. Ich war noch im Vorschulalter, zur Zeit als Nahrungsmittel nur gegen sog. Rationierungsmarken abgegeben wurden. Da gab mir die Mutter an manchen Abenden den Milchkessel in die Hand und sagte:

„pass auf, dass Dich niemand sieht, gehe unter dem Zaun durch und schleiche so in den Stall". Gemeint war der Stall des Bauern in der näheren Nachbarschaft. Dieser Bauer war zu meinen Eltern so gut gesinnt und hilfsbereit, dass wir bei ihm ohne Marken Milch erhielten. Knapp ein Jahr nach Kriegsausbruch kam das nächste Kind zur Welt und als Folge der nun schlechten Versorgungslage, Papa im Militär, die Nahrungsmittel rationiert, war das neugeborene Büblein schon bald mit sichtlichen körperlichen Mangelerscheinungen in seinem Bettchen. Die durch die verschiedenen Umstände sich ergebene Situation war nicht ohne Folge auf das Empfinden der andern Kinder. Das nun Kleinste bedurfte seiner Gesundheit wegen die grösste Aufmerksamkeit. Auch ich nahm noch meinem Alter entsprechend viel Zeit in Anspruch. Der zwei Jahre ältere Bruder hat diese Situation empfunden als würde er selber nicht mehr geliebt, trotzdem er doch bereits schon im Vorschulalter war. Aber er vermisste die benötigte Aufmerksamkeit und holte sich diese wieder in die Realität, indem er sich mit Atemschwierigkeiten bis hin zu starken Asthma-Anfällen bemerkbar machte. Und leider behielt ihn dieses Asthma das ganze Leben im Griff. Ich durfte trotz all diesen Schwierigkeiten meiner Eltern gesund aufwachsen, spürte aber die Anspannung und unbewusst versuchte ich, wo auch immer möglich, zu einer Entspannung mitzuhelfen so gut ein Kind das kann. Die eine Möglichkeit bestand darin, meine Wünsche so gut es geht zurück zu behalten. Die Kriegsjahre haben sich in meinem Unterbewusstsein sehr stark eingraviert. Auch blieb mir gut in Erinnerung, wie Soldaten bei uns in des Vater's Werkstatt sich niederliessen und draussen eine Militärküche hinstellten. Da wurde jeden Tag eine Kanne voll Suppe gekocht um unter den Soldaten zu verteilen. Oft gaben sie auch meiner Mutter eine Schüssel voll davon. Wenn unser Vater in solch einem Soldatengewand zu seinem Urlaub nach Hause kam, war das ringsum eine grosse aufregende Freude.

Als ich 5 Jahre alt war, wurde das nächste, also das siebte Büblein geboren und wieder 3 Jahre später, im Jahre des Kriegsendes kam unser jüngstes Geschwister, ein Mädchen, zur Welt. Zu diesem Zeitpunkt war ich bereits 8 jährig, also im Frühjahr darauf begann das zweite Primarschuljahr. Wir hatten alle grosse Freude an unserm kleinen Mädchen, aber wie es vom Himmel gefallen war hatte ich verpasst. Auch während der vorangegangenen Zeit konnte oder besser gesagt, durfte ich keine Veränderung bei der Mutter feststellen. Und so lag dann eines Tages einfach ein kleines Mädchen im Kinder-Bettchen. Sollte das für mich eine Frage wert gewesen sein, zu erfahren woher es denn wirklich komme, so war auch hier die Antwort sehr pragmatisch: Der liebe Gott hat es geschenkt oder noch einfacher, „ä pa, sowas frägt man nicht". Ja so hat es oft getönt, hatte ich doch immer sehr viele Fragen. Aber für unsere Eltern war es nicht einfach, auf jedes Kind gleichermassen einzugehen, waren doch die Bedürfnisse und Interessen bei jedem anders. Und so habe ich aufgehört, meine Fragen zu stellen und erst in spätern Jahren wurde mir bewusst, dass ich sicher auch einige Antworten meiner Mutter falsch interpretiert habe, eben nach kindlichem Verständnis wie etwa folgendes Beispiel von einer bekannten Familie zeigt: Da war, als ich schon lange verheiratet war, in unserer Nachbarswohnung ein kleines Mädchen. Dieses hatte meine Frau, die Maria, ins Herz geschlossen und kam öfters zu ihr. In den katholischen Gegenden ist am 8. Dezember Feiertag, der Tag „Maria Empfängnis". An diesem Tag fragte die Kleine von nebenan ihre Mutter „Mutti, darf ich zu Maria gehen?" und erhielt die Antwort „Heute nicht, denn Heute ist Maria Empfängnis". Die Kleine hat das ohne Widerrede akzeptiert und die Sache war erledigt. Zwei Wochen später frägt die Kleine wieder „Mutti, ist Maria immer noch im Gefängnis?"

Zusammen waren wir eine glückliche Kinderschar. Draussen auf der Wiese welche den im Nachbarhaus wohnenden 2 Onkeln und einer Tante gehörte, stand ein Birnenbaum welcher vor Jahren während eines Sturmes beinahe entwurzelt wurde. Aber seine Wurzeln haben sich wieder neu mit der Erde verbunden obwohl der Stamm bereits am Boden lag. Da er sich nicht umkriegen liess, ist er vom Ansatz der Aeste rechtwinklig gegen den Himmel weitergewachsen. Wir nannten ihn einfach „der krumme Baum" und oft, wenn der Wuchs des Grases es noch erlaubte, haben wir im Schatten des krummen Baumes eine alte Wolldecke ausgebreitet, darauf „Eile mit Weile" gespielt, gesungen, oder einfach geplaudert. Weil die Äste dieses drolligen Baumes für uns gut erreichbar waren, sind wir gerne auf ihnen herum geklettert. So war der krumme Baum für uns Kinder ein wichtiger Ort. Während der Ostertage machten wir dort aus Gras und Weideblumen ein „Osternest", haben uns dann in die Werkstatt verzogen und laut dem Osterhase gerufen: „liebä liebä Osterhas komm bring miär au äs Eili aber nid äs fuuls und nid äs steinigs" . Dieser Sing-Sang dauerte oft während Stunden und je länger es dauerte desto lauter und eindringlicher wurde der Ton. Zwischendurch sind wir natürlich kontrollieren gegangen ob wir schon erhört wurden und wenn nicht, ganz enttäuscht zurück gezottelt zum weiterrufen. Irgendwann war der Moment erreicht, dass auch wir die Geduld verloren, aber kurz vorher musste eines der ältern Geschwister noch schnell etwas Naschbares in's Nestchen legen! Natürlich waren diese Stunden für die Mutter und die ältern Geschwister eine willkommene Pause.

In all diesen Jahren zwischen 1940 und 1950 waren nicht nur in der Öffentlichkeit weltweit viele markante Veränderungen zu verspüren. Auch der engste Familienkreis war davon betroffen. So wurde 1947 unser Haus erweitert, indem beidseitig ein Teil des Daches erhöht wurde um dadurch 2 zusätzliche Zimmer zu erhalten. In der Folge hatte es ein Ende, zu zweit in einem Bett zu schlafen und es konnten die, dem Alter jedes einzelnen entsprechend immer höheren Anforderungen, erfüllt werden. In dieser Umbauphase wurde auch die Treppe zum oberen Stock aus der Küche entfernt und der ganze Bereich mit der Aussentreppe und Plumps-WC so erweitert, dass ein neuer Ausseneingang, ein neuer Aufgang zum oberen Stock und in der Mitte dieses Aufganges ein Badezimmer mit moderner Toilette entstand.

Ich selber versuchte meinen eigenen Interessen nachzugehen, so gut das möglich war. Ich war viel in Vater's Werkstatt und irgend etwas fand ich immer um daran herumzubasteln. Da fand ich einmal in Vaters Materialkiste ein „Ding", das sich Carbidlampe nannte. Ich wusste natürlich nicht wie damit umzugehen, und klimperte verbotenerweise an diesem „Ding" herum. Plötzlich fing es an zu zischen als würde Wasser zum Siedepunkt gebracht. Ich bin fast zu Tode erschrocken, fasste das „Ding" und rannte damit weit in die Wiese hinaus und versteckte es bei einem Grasbüschel. Ich dachte, wenn es explodiert, so wenigstens nicht in der Werkstatt. Zum guten Glück hat mich niemand gesehen, aber da ich die ganze Sache vergessen wollte und mich daher nicht mehr darum kümmerte, war eines Tages der Onkel vor der Tür mit diesem „Ding" in der Hand. Alles weitere kann man sich ja denken.
Auch an Experimenten mit Strom war ich immer interessiert und wünschte mir sehnlich einen Transformer, damit ich meine Versuche lediglich auf der Ebene von Schwachstrom durchführen konnte. Um diese Anschaffung zu machen, konnte ich an der Fastnacht, mit ein bisschen angemaltem Gesicht, von Haus zu Haus gehen und Küchenkellen, welche der Vater gemacht hatte, verkaufen. Der Verkaufspreis war 1 Franken wovon für

mich eine Provision von 20 Rappen übrig blieb. Zu diesem Ertrag noch ein paar 20-Rappen-Stücke anderweitig verdient, konnte ich mir endlich den Transformer, welcher mich 15 Franken gekostet hat, erwerben.

Meinen Kenntnissen in mancherlei Bastelarbeit zufolge waren die Eltern der Meinung, ich sei prädestiniert, für Weihnachten eine schöne weihnächtliche Dekoration anzufertigen. Da ging ich als erstes in den Wald und holte mir einen grossen Sack voll Moos. Dann nahm ich einen kleinen Spiegel, kratzte ihm die Rückseite etwas auf und malte sie blau an. Dies sollte einen See symbolisieren. Eine Bastelei mit kleinen Baumästen gab die Situation von einem Sägebock mit allem drum und dran. All das und viele Kleinigkeiten mehr wurden zusammen mit dem Moos in einer Ecke des Stubenbodens ausgelegt und so angeordnet dass auch der Weihnachtsstall mit all seinen Figuren den gebührenden Platz hatte. Nun erhielt das Ganze eine entsprechende Beleuchtung, zum Beispiel wurde der Spiegel von unten beleuchtet und erstrahlte in einem schwachen aber herrlichen blau, als würden die Hirten dort Wasser schöpfen. Die elektrische Installation war natürlich unter dem Moos verborgen und wurde mit einem, abseits der Anlage, zwischen Transformer und Dekorationsanlage vorhandenem Schalter ein- bezw. ausgeschalten. Auch der Schalter war eine Eigenkonstruktion, hatte ich doch die Möglichkeit, den Ausgangsbriden des Transformers entsprechend zwischen 4, 6 und 12 Volt zu wählen, so war es mir eine Freude, die Beleuchtung im Stall und alles übrige schwächer oder stärker erscheinen zu lassen. Ich darf wohl erwähnen, dass diese Weihnachtsdekoration noch lange, lange da war, obwohl sich die Weihnachtszeit bereits zur Osterzeit geändert hatte!

Ich war im Alter des „Erwachens", wo mich alles was um mich herum sich abspielte interessierte und so hörte ich unter anderem auch die Erwachsenen sagen, dass es eine Swissair sei, wenn wieder ein Flugzeug am Himmel dröhnte. Da ich dachte, dass weder Vater noch Mutter mir befriedigt Antwort geben können, habe ich in einer Fragestunde in der Schule den Lehrer gefragt, wie gross denn so eine Swissair am Himmel sei und wie viele Menschen darin Platz haben. Diese soeben gestellte Frage veränderte vieles in mir, denn der Lehrer fing an zu lachen und mit ihm natürlich dann die ganze Klasse. Und ab Heute war ich bei allen Kameraden nur noch „der Swissair". Da es in der Klasse üblich war, dass jeder einen Pseudo- oder Spitzname hatte, war ich mit diesem sehr zufrieden, war es doch für mich eine stolze Benennung. Der Lehrer meinte zur Antwort, dies sei nicht eine Swissair, es sei ein Flugzeug mit der Grösse von ungefähr (hier kann ich seine Grössenangabe nicht mehr wissen). Er klärte mich jedoch auf, dass „Swissair" lediglich der Name des Eigentümers ist. Ich fand diese Antwort trotz den lachenden Gesichter interessant und fortan überlegte ich mir, wer ausser meiner Eltern mir die vielen Fragen, die ich immer hatte, beantworten kann.

Sobald das Jüngste gehen konnte musste es jeden Morgen für den Tagesaufenthalt in ein nahe gelegenes Kinderheim gebracht werden. Um die finanzielle Situation aufzubessern, musste die Mutter in der „Hüetli", einer Fabrik in welcher Bänder zur Anfertigung damals noch gefragter Stroh-Hüte hergestellt wurden, arbeiten gehen. Sie hatte dort einen Arbeitsbeginn um 0700 Uhr und so durfte ich jeden Morgen das kleine Schwesterlein anziehen, kämmen, Frühstück geben und bevor ich zur Schule ging, in das Heim als damalige Tagesstätte bringen. Ich hatte viel Freude am kochen, was dazu führte, dass ich beim alljährlichen Samichlaus-Trinkeln, welches von den Knabenklassen der Schule durchgeführt wurde, in die Schulhaus-Küche beordert wurde um beim kochen der Gemüsesuppe behilflich zu sein. Diese wurde dann in Milchkannen abgefüllt und vom Lehrer auf dem Motorrad an die Trinkler, welche sich zur Mittagszeit weit ausserhalb des Dorfes befanden, gebracht. Die Freude am Kochen und die Fürsorge für die kleine Schwester führte dazu, dass ich am Mittag immer eine halbe Stunde früher als die Kameraden die Schule verlassen durfte, um zu Hause das Mittagessen vorzubereiten, denn die Mutter kam nach Hause zum Mittag essen, hatte jedoch nur wenig Zeit dafür. Auch das Schwesterlein aus der Tagesstätte war am Mittag zu holen, denn am Nachmittag war es nur kurz allein, bald kamen wir von der Schule zurück. Unsere Eltern waren immer bestrebt, uns eine gute und schöne Kindheit zu geben, aber all die Schwierigkeiten, mit denen sie zu kämpfen hatten, gingen nicht spurlos an mir vorüber. Es war selbstverständlich, dass ich für viele Arbeiten im und ums Haus herangezogen wurde, denn ich hatte nicht, wie meine Brüder mit gesundheitlichen Problemen zu tun. Die älteren Geschwister waren schon zu oft ausserhalb des Hauses, waren sie doch bereits dem sog. Schulalter entwachsen.

Wir hatten oft Besuch von Verwandten und Bekannten oder bald auch kam der älteste Bruder mit seiner Freundin. Sicher wurde bei diesen Gelegenheiten mindestens ein Kaffee aufgetischt und es gab allerlei Gespräche. Da mich alles was um mich geschah oder von was auch gesprochen wurde, interessierte, wollte ich auch echt dabei sein, wurde jedoch sehr oft in die Ecke verwiesen, ich soll doch einfach still sein und warten bis ich gefragt würde. Auch hatte ich, wenn Besuch angemeldet war oder auch einfach weil es Samstag war, die Aufgabe, den Stubenboden und immer auch den Korridor zu spänen. Auch die Aussentreppe war mit Wasser und Putzmittel sauber zu halten. So gingen die Jahre dahin und ich kam ins Alter der Berufsfindung. Vermutlich hat sich in den vergangenen Jahren mein Interesse an der Technik jeglicher Art so stark manifestiert, dass seitens der Eltern für mich nur eine Lehre in dieser Richtung in Frage kam. Nach der Primarschule besuchte ich noch 2 Jahre Sekundarschule. Hier lernte ich gute Kameraden kennen, so unter andern Walti F. Einmal, es war Kilbi und im Dorf waren verschiedene Attraktionen in Betrieb. Wie ich dort gestanden habe und nicht wusste was ich tun soll, kam Walti dazu und meinte wir sollen zum Flugplatz in Kägiswil gehen, denn wir waren beide von Flugzeugen begeistert. Walti sagte: anstelle von Geld ausgeben an der Kilbi, gehen wir doch besser auf einen Rundflug, er würde mich dazu einladen. Ich wusste, es war ihm eine Freude, hatte er doch immer ein paar Franken zum Ausgeben. Das war mir wie aus dem Herzen gesprochen und ein paar Minuten später waren wir bereits in der Luft. Schon bald redeten wir auf den Piloten ein, er soll ein paar Kapriolen machen mit uns, doch alles Drängen war umsonst, denn wir waren Passagiere und solche „Extras" durfte er nicht machen. Wir flogen über den Sarnersee und plötzlich, ohne Vorwarnung flog er mit uns geradewegs hinunter gegen den See. Ich sah direkt vor mir ins Wasser und in diesem Augenblick machte er einen Looping und flog wieder hinauf auf Normalhöhe! So einen Moment lang war es, als würde sich der Magen umdrehen, aber alles war gut und wir beide waren absolut in einer Begeisterung gefangen. Noch heute denke ich mit Freude zurück wie dieses Erlebnis meinem damals in der Schule erhaltenen Spitzname „der Swissair" gerecht wurde.

Die Zeit ging dahin und bald musste eine Lehrstelle gefunden werden. Dies war nicht so einfach, so habe ich ab Abschluss der Sekundarschule in einer Schreinerei gearbeitet bis ich im Frühjahr des folgenden Jahres mit einer Lehre zum Mechaniker beginnen konnte. In diesem Zwischenjahr konnte ich mein erstes Geld verdienen und wenn es auch nur knapp ein Franken pro Stunde war, war ich sehr stolz darüber und war immer bestrebt, dort alle mir zugeteilten Arbeiten fleissig und ohne Widerrede auszuführen, obwohl es Arbeiten gab bei denen ich versuchte, mich einfach damit abzufinden und denken, auch das geht wieder vorüber. Hier denke ich an die Stunden des Aufenthaltes im sog. Sägemehl-Keller, um das durch die Abzugrohre von oben dort angehäufte Sägemehl weg zu schaufeln. Auch der Kamerad, welcher gleichzeitig mit mir als sog. Hilfsbursche eingestellt und auch mir gleich zu allen Tätigkeiten eingesetzt wurde, musste natürlich in diesen Sägemehl-Keller, hatte jedoch immer eine böse Bemerkung bereit, wenn er an der Reihe war. Denn dort unten zu arbeiten war wirklich keine angenehme Sache, denn da konnte man vor Staub kaum noch atmen und Staubmasken kannte man natürlich noch nicht. Schon wenige Wochen später haben wir zwei Burschen miteinander über unsern Verdienst gesprochen und da wurde der Kollege sehr böse, als er sehen musste, dass ich bereits einiges mehr verdiene. Mich freute es natürlich, statt knapp unter einem Franken bereits knapp darüber zu sein. Auch musste ich schon bald nicht mehr Sägemehl schaufeln, sondern ich durfte in der Fenster-Glaserei, auf Montage der Fenster und auch in der Möbelfertigung mithelfen.

Es freute mich, wenn ich die eine und andere Rechnung von der Mutter wegnehmen und mit meinem Geld bezahlen konnte. Es war für mich eine grosse Ehre, für den Muttertag heimlich im Elektrogeschäft einen elektrischen Kochherd zu bestellen und ihn bei Nachbarn von uns zum Einstellen für ein bis zwei Nächte, bringen zu lassen. Dort habe ich ihn zusammen mit Hilfe meines Bruders am Morgen des Muttertags, während Mutter in der Kirche war, geholt und in die Küche gestellt. Der elektr. Anschluss war schon seit dem Umbau 1947 bereit, doch fehlte es immer wieder am Geld und jetzt konnte ich das besorgen. Da kam der Vater dazu, traute seinen Augen nicht und sagte lakonisch wie immer in solchen Situationen: „so so, ist das jetzt das nötigste!" Ab jetzt machte das Kochen noch mehr Freude, war doch das lästige Feuermachen in einem schlecht funktionierenden Feuerherd vorbei. Auch Vater zeigte sich in der Folge sehr zufrieden, waren doch nun die „Gschwellti" schneller auf dem Tisch.

Also konnte ich in dieser Zeit einiges zur materiellen Entlastung der Eltern beitragen und bis heute ist dies eine Kompensation, wenn ich mich frage, warum meine Geschwister in ihrem sog. Zwischenjahr in ein Fremd-Sprachgebiet gehen konnten.

Den Wunsch nach einem Velo habe ich auf spezielle Art erfüllt. Da will ich zuerst erwähnen, dass es zu jener Zeit noch üblich war, allen anfallenden Abfall auf sogenannten Müllhalden zu deponieren. Dort wurde von Zeit zu Zeit von einem Gemeindearbeiter ein Feuer entfacht und der Abfall schmorte dann Tage und Nächte lang dahin. Es war üblich, dass alle Leute ihren Abfall zu Hause in irgend welchen Behältern sammelten und diese von Zeit zu Zeit auf die offiziellen Müllhalden kippten. Auch bei uns war es nicht anders und wenn unsere dafür vorgesehenen Behälter, es waren alte Zuber aus Vaters Werkstatt, voll waren, ertönte eines Abends von Vater der Ruf nach mir „komm, wir müssen mit dem Ghüder weg"! dann haben wir die prall voll geladenen Zuber auf den Zweiradwagen gehifft und diesen zur Halde gestossen. Und genau auf diesen Müllhalden habe ich nach Velobestandteilen gesucht. Einmal fand ich einen ganzen Velorahmen, ein anderes mal ein Rad oder ein Sattel und so ging es bis alles beieinander war und ich das Velo zusammenbauen konnte. Wie war ich doch glücklich darüber, auch wenn die Bremsen noch nicht ganz funktionstüchtig waren, weil ich noch kein Bremskabel gefunden hatte. Aber trotzdem konnte ich in (beinahe) allen Situationen anhalten, ich musste nur vorne zu den Bremsklötzen hinunter langen und diese von Hand zusammendrücken! Von nun an war ich manchmal nach Feierabend noch mit dem Velo unterwegs. Es gab in der Nähe eine sog. Lourdesgrotte. Dort hin fuhr ich bei jeder Gelegenheit, sagte jedoch zu Hause nichts von meiner heimlichen Begegnung mit der Geistigen Welt, in die ich mich dort so gut vertiefen konnte. Hier war der Ort, an dem ich mich verstanden fühlte, denn zu Hause, so fühlte ich es, war ich einfach für die anfallenden Arbeiten zuständig, sei es mit Putzen, Holz sägen und spalten, oder mit anderen Tätigkeiten. Oft war ich sicher auch ein bisschen Rebell. Aber diese Grotte hatte es mir angetan, sie befand sich in einer Waldlichtung, ein paar Velo-Fahrminuten entfernt. Einmal war mir, als sehe ich dort jemand der mir Antwort gab, aber als meine Gedanken wieder sich auf den Boden konzentrierten, war dieses Bild weg. Aus verständlichen Gründen wollte ich nie mit jemand über dieses Erlebnis reden. Aber für mein Leben war das eine Riesen-Erfahrung, richteten sich doch meine heimlichen Wünsche oft nach dem Wissen über mehr Dinge in der Welt als ich im täglichen Leben erfahren konnte. Ein anderer Wunsch war die Fliegerei. Wie schon erwähnt, war ich oft auf dem Flugplatz anzutreffen wo ich einfach in Gedanken in den startenden und landenden Kleinflugzeuge mitging. Selber ein Flug-Brevet zu erarbeiten entsprach natürlich damals nicht unserer „Klasse", das wurde mir ganz deutlich erklärt als ich zu Hause um Erlaubnis bat, in die Segelflug-Gruppe eintreten zu dürfen, wo mich der damalige Leiter dieser Gruppe doch mehrmals zum Mitmachen angesprochen hat. Dass ich auch später im Erwachsenenalter dies nicht nachgeholt habe ist ganz einfach darauf zurück zu führen, dass dieses sog. Klassendenken oft stark im Menschen verankert bleibt und einiges blockiert.

Während diesen Jahren konnte ich eine Lehrstelle antreten, und nebst genannten Aktivitäten blieb ich vielfach in meinem

Zimmer und war mit Lernen beschäftigt, da ich noch einen Fernkurs der technischen Richtung in Arbeit hatte. Doch in der Ferienzeit, das waren zwei Wochen pro Jahr, nahm ich die Gelegenheit wahr um ein wenig die Fühler auszustrecken. Ich wollte mit dem Velo nach Luzern fahren, doch dem Alpnachersee entlang hatte ich so starken Gegenwind, dass ich kurzerhand das Velo an das Strassenbord legte und den Weg mit Autostopp fortzetzte. Da kam ein VW daher, hielt an und ich durfte einsteigen. Der Mann am Steuer erzählte, dass er unterwegs nach Zürich sei und mich gerne beim Bahnhof Luzern aussteigen lasse, denn das war damals direkt an der Route nach Zürich gelegen und er musste keinen Umweg fahren. Irgend etwas fing in meinem Gehirn an „rumoren". Ja natürlich, mein ältester Bruder war frisch verheiratet und wohnte in Wallisellen. Das ist doch in der Nähe von Zürich? Oder nicht? Und ich wusste, dass seine Frau bei Jelmoli arbeitete. Nun fragte ich meinen VW-Fahrer „wissen Sie wo der Jelmoli ist?" Natürlich wusste er das. „darf ich mitfahren bis Zürich und können Sie mich bei Jelmoli ausladen?" Natürlich konnte er das, und so blieb ich sitzen und war selber erstaunt über meinen spontan geänderten Plan für Heute. Bei Jelmoli habe ich mich nach der Frau meines Bruders erkundigt und bald war sie bei mir und kam mit mir auf die Dachterrasse, wo ich warten soll bis sie Feierabend hat und dann wir zusammen zu ihnen nach Wallisellen fahren. Für den nächsten Tag wünschte ich einen Besuch auf dem Flughafen ZH-Kloten zu machen und der Bruder gab mir Geld für den Bus dorthin, und meinte dass ich keinen Autostopp mehr machen soll. Aber bei der Bushaltestelle angekommen, versuchte ich die Wartezeit auszunützen und hielt wieder den Daumen raus. Sofort konnte ich wieder in einem PW Platz nehmen und als ich dem Chauffeur mein Ziel sagte, blieb er einfach still. Im Moment war ich ein wenig erstaunt ob dieser Reaktion. Damals war der Flughafen Kloten noch im Ausbau und viele Büro's in Baracken untergebracht. Nun waren wir bei diesem Barackenlager angekommen und da frägt mich mein Chauffeur, ob ich Lust hätte, einen Blick in die Flugzeugwerft zu tun, er arbeite dort als Fluglehrer. Sowas liess ich mir natürlich nicht entgehen und ein paar Minuten später setzte er mich dort in einer solchen Baracke in einen Flug-Simulator, und erklärte was ich zu tun hätte um nun einen Flug zu simulieren. Da war ich echt gefordert, versuchte die Höhe zu halten und auch wieder gut auf dem Boden aufzusetzen. Leider war das Abenteuer bald zu Ende und er öffnete den Simulator um mich herauszuholen. Im gleichen Raum zeigte er mir auf einem Bildschirm meinen soeben ausgeführten Flug. Oh, leider war das damals kein ruhiger Flug! Aber zum Glück war es nur simuliert! Nun musste sich „mein Fluglehrer" wieder seiner Arbeit widmen und begleitete mich zum Ausgang. Ich blieb nochmals für eine Nacht bei meinem Bruder. Meine Erzählung musste wie aus dem Munde eines Träumers klingen. Übrigens, meine Eltern wurden natürlich am ersten Tag meiner Abwesenheit vom Bruder telefonisch über meine Anwesenheit bei ihm orientiert. Wir hatten jedoch zu Hause keinen Telefonanschluss, aber für so eine Mitteilung konnte man auf der Poststelle anrufen und der Briefträger fuhr mit dem Velo hin um dies zu melden.

Der Ausbildungsort meiner Berufslehre zum Mechaniker war mit dem Velo gut erreichbar. Er führte an einem Haus vorbei in welchem eine Arztfamilie lebte. Dessen Hausmädchen, in meinem Alter, versuchte jeweils um die Zeit in der ich zur Arbeit fahren musste, in einem Zimmer am Fenster zu sein und mir jeweils zuzuwinken wenn ich vorbeifuhr. Natürlich mochten wir uns und organisierten ab und zu eine kleine Velotour zusammen und erzählten einander von unsern Ideen und Wünschen. Es muss sein, dass ich ihr öfters meine Gedanken bezüglich den kosmischen Weiten darlegte, denn zu Weihnachten eines dieser Jahre erhielt ich von ihr ein Buch eines Romans mit dem Titel „Eine Reise zum Mond". Dies war mein erstes Science-fiction - Buch. Das Elternhaus dieses Mädchens war im Kanton Nidwalden und es durfte zu Hause nicht erwähnen, mit einem Jungen aus Obwalden zu „liebäugeln". Aber auch ich selber erzählte zu Hause nichts von unseren Begegnungen. Sowieso war das mit uns keine ernste Angelegenheit, waren wir doch damals in diesem Alter schon glücklich, mit einem Vertreter des andern Geschlechts ab und zu plaudern zu können.

Zu dieser Zeit musste mein jüngerer kranker Bruder nach Davos in ein Sanatorium verlegt werden. Nachfolgend ein Bild unserer ganzen Familie aus dieser Zeit.

Ganz rechts aussen ist dieser Bruder. Ich bin jener direkt links vom kleinen Schwesterchen, resp. direkt vor der Mutter.

Diese Situation war für die Eltern und für die ganze Familie emotional und physisch eine schwer zu ertragende Angelegenheit. So hat das auch dazu geführt, dass die ältere Schwester dort eine Arbeitsstelle nahm um in der Nähe des Bruders zu wohnen. Erst später, als ich selber Vater war, konnte ich verstehen was diese damalige Situation für meine Eltern bedeutete. Sicher waren wir alle traurig all das mit anzusehen, war doch für einen Besuch im Sanatorium eine Bahnfahrt von einem halben Tag notwendig, was natürlich sowohl zeitlich wie finanziell eine Belastung war. Doch trotz allem versuchten wir, Möglichkeiten für einen Besuch beim Bruder zu finden. Da die Schwester dort in der Nähe eine Gelegenheit zur Übernachtung anbieten konnte, war es nun möglich, mit der Bahn zu reisen. So bin ich denn auch einige male nach Davos gereist und benutzte gerne das Angebot für Kost und Logie bei der Schwester.

In einem Winter während der Lehrzeit habe ich mein Velo zu einem Schneevelo umgebaut. Anstelle der Räder machte ich Kufen, an welchen dann von alten Skiern die abgesägten Spitzen befestigt wurden. Diese Kufen wurden mit Federn so montiert, dass sie sich den Boden-Unebenheiten einer Piste anpassen und auch immer wieder in die horizontale Lage zurück kehren konnten. An den Pedalen waren Holzklötze montiert, welche auf der Unterseite aussahen wie Nagelbretter! Da die beiden Pedalen in gleicher Horizontallage montiert waren, und ebenfalls mit Federn sich in der richtigen Position hielten, konnte man die Füsse dort auflegen und zum bremsen, z.B. unten an der Piste, lediglich einen Druck auf die Pedalen geben und die Nagelklötze taten das übrige. Meinen Wunsch, das nun konstruierte Schneevelo auszuprobieren, konnte ich erfüllen, indem ich beim nächsten Besuch meines Bruders in Davos, das Schneevelo dabei hatte.
Es war eine witzige Sache, mit der Gondelbahn zur Schatzalp

zu fahren und dann mit meinem Velo die Skipiste hinunter zu preschen. Am Ende dieses Erlebnisses war mir das Schneevelo nicht mehr so wichtig um es wieder per Bahn heimzuschicken und ich stellte es kurzerhand an die Gebäudemauer der Seilbahn – Talstation. Vielleicht war es dann einem finanzkräftigen Finder wert, dies in eine Produktionslinie zu bringen! Zu Hause hatte ich bereits vor einiger Zeit zu einem günstigen Preis ein Occasionsvelo gekauft. Oft hatte ich einfach Freude, etwas zu basteln, was natürlich eine Konstruktion voraussetzte, dann aber wenn es fertig war und den Zweck bestätigt hatte, war es mir absolut unwichtig zu wissen was damit passierte.

Im Verlaufe der Lehrzeit konnte ich mit dem ersparten Lehrlingsgeld, wenn es auch nicht viel war, eine Trompete kaufen. Ich hatte schon lange den Wunsch, so wie meine Geschwister es konnten, auch ein Musikinstrument zu lernen. Doch aus welchem Grund auch immer, ich hatte das Gefühl, ich bin zum Arbeiten geboren und nicht für musische Dinge geeignet. Doch nun habe ich mir selber das Trompetenspiel angeeignet und ich hatte Freude daran und es störte mich nicht, dass andere nicht so sehr erfreut waren. Vielleicht lag es daran, dass das Violinspiel vom Bruder und das Klavierspiel der jüngsten Schwester von höherer Qualität zeugte, wurden diese doch von Fachpersonen darin geschult. Und natürlich hätte ich nie meinen Wunsch nach einem Instrument geäussert, wurde mir doch bewusst wie die Mutter sich selber alle Wünsche verdrängte um finanziell über die Runden zu kommen.

Als ich das 18te Lebensjahr vollendet hatte, habe ich gelernt Auto zu fahren und den Fahrausweis erstanden. Ich hoffte, dadurch beim Militärdienst als Motorfahrer eingeteilt zu werden, aber am Einteilungstag zur Rekrutenschule gab es kurzerhand den Stempel zum Waffenmechaniker, was sich dann später in den Wiederholungskursen nur als Vorteil erwies. Am Abend dieses Tages, ich hatte mit den Kollegen die Aufnahme zum Militär noch gebührend gefeiert, meinte meine Mutter, als ich nach Hause kam, sie sei glücklich und froh, dass ich militär-tauglich sei, im Gegensatz zu einem der ältern Brüder, bei welchem bei dieser Tauglichkeitsprüfung Tuberkulose festgestellt wurde und er wie der jüngere Bruder ins Sanatorium musste.

Etwa zur gleichen Zeit war der um 2 Jahre ältere Bruder in Fribourg in einem Kollegium im Studium. Der Mutter war es wichtig, dass wenigstens einer ihrer Söhne das Studium zum Priester machte. Doch bald rückte da das Priesteramt in die Ferne und meinem Bruder waren die weltlichen Dinge näher. Er kaufte sich ein altes 125ccm-Motorrad Marke Puch um auch schneller mal bei seiner Freundin anzuklopfen. Dieser Bruder und ich machten viele Unternehmungen zusammen und so bin ich ab und zu per Bahn auch zu ihm nach Fribourg gereist. Einmal im Winter bat er mich, von dort mit seinem Motorrad nach Hause zu fahren, es wäre ihm angenehm, wenn es über den Winter zu Hause eingestellt wäre. Ja nur zu gerne habe ich ihm diesen Wunsch erfüllt und bin damit auf den Weg. Trotz einer ledernen Töffkappe, Töffbrille, Handschuhen und einem alten Ledermantel war es sehr kalt. Ich konnte kaum noch die Finger bewegen und musste zu einem Kaffeehalt einkehren um mich aufzuwärmen. Langsam wurde es Nacht und es fing an zu schneien. Dann nach langer Fahrt irgend wo im Entlebuch spuckte der Motor. Ich konnte bei einem Bauer unter dem Stalldach den Vergaser von Schnee und Eis befreien und langsam die Fahrt fortsetzen. Es war sicher Mitternacht als ich über Kriens nach Horw gefahren bin, die Stadt hatte ich so gut es ging umfahren, da gab meine Töfflampe nur noch ein mühseliges Leuchten von sich und ich bin beinahe ohne jegliches Licht am Töff den Rest bis Sarnen gefahren oder besser gesagt, ich habe mich heim getastet und bin dabei beinahe verfroren, aber ich war nun glücklich, zu Hause anzukommen.

Im vorangegangenen Frühjahr, ich war ein paar Monate älter als 17, habe ich mit Erlernen der englischen Sprache begonnen. Dazu habe ich die guten Beziehungen des Vaters zur Wirtefamilie in einem nahe gelegenen Hotel benützt. Der eine Schwiegersohn war Engländer, sein Name war Paul Townsend, wohnte ebenfalls im Hotel. Der zweite Schwiegersohn war ebenso Engländer, wohnte jedoch mit seiner Familie in England. Dieses Hotel war jeweils während der Sommermonate geöffnet. Die Besitzer waren in den Wintermonaten ebenfalls in England, denn hier hatten sie keine Freunde, da ihre Herkunft aus nicht katholischer Gegend war, oder noch schlimmer, die Wirtin war wohl Schweizerin aber ihr Gatte war russischer Abstammung. All das berührte meinen Vater nicht und er urteilte nicht nach diesen Regeln. Im Gegenteil, er half dort viel. Aber aus genannten Gründen hatte dieses Hotel keine einheimischen Gäste. Um über die Runden zu kommen hatten sie organisiert, dass während der Sommermonate Gäste aus England kamen. Alle 2 Wochen kam ein Car, besetzt mit neuen Gästen. Jeden Montag-Abend war ein Tanzabend und auch da blieben die Einheimischen weg. Eine Ausnahme waren 3 junge Männer. Der eine spielte am Klavier, der zweite war Kunstturner und führte ein paar knifflige Stellungen vor und der dritte war ich selber und versuchte die Gäste mit Vorsingen einiger einheimischer Lieder, begleitet vom Kollegen am Klavier, zu erfreuen! Und der Erfolg blieb nicht aus.
Das waren sicher die besten Voraussetzungen für mich. Nach Erlernung von ein paar Grundregeln der Sprache probierte ich an den Tanzabenden mich in Konversation zu üben. Ich steckte

ein sog. Lilliput-Wörterbuch von Langenscheidt, in der Grösse von ca. 5 x 3,5 x 2 cm, in meine Jackentasche, um bei Gesprächen schnell hinein gucken zu können. Mit der Begründung des Sprachen - Lernens durfte ich denn auch dort hingehen. Natürlich war ich im Alter wo auch die Gefühle zum andern Geschlecht erwachten und so war mir denn diese Situation sehr angetan, obwohl ich immer sehr zurückhaltend und scheu an die Aufforderung zum nächsten Tanz heranging. Der Austausch von Adressen war da eine natürliche Sache, nur dass da etwas organisiert werden musste, um eventuell eingehende Briefpost bei mir zu Hause geheim halten zu können. Bei uns war zu dieser Zeit ein Kollege von mir, der Ruedi, bei der Post in der Lehre. In der Regel war er mit Austragen der Post beschäftigt und so konnte ich mit ihm vereinbaren, die an mich adressierten Briefe nur an mich persönlich abzugeben. Er hielt sich strikte an diese Vereinbarung. Das war für mich wichtig, denn bei Erhalt einer Grusskarte oder sogar eines Briefes war ich sehr erfreut, wusste jedoch, dass emotionale Regungen bei uns keinen Platz hatten. Oft hatte ich aus Mutter's Gesicht abgelesen, dass ich, um sogenannt anständig zu sein, mich weder über vorwiegend emotionalen Schmerz noch über Freud äussern soll. Ja wie sagt man doch so schön: „Heilige haben in Stille gelitten." Erst im Verlaufe des Lebens machte ich die Erkenntnis, dass meine über Jahrzehnte hin, meist bei Besuchen zu Hause, auftretenden Migräne-Anfälle ihren Ursprung in meinen Jugendjahren hatten und daher stammten, weil Emotionen zeigen, sei es in Freud oder Leid, nicht anständig war. Einmal brachte mir Ruedi nicht nur einen Brief, sondern sogar ein Paket von einer Brief-Freundin aus Salisbury mit einem Buch über Sehenswürdigkeiten und deren geschichtlichen Hintergründe von England. Auch verschiedene Kathedralen und sogar der Steinkreis von Stonehenge, denn Salisbury ist in der Nähe von Stonehenge, war dort beschrieben. Damals hatte ich die mir auf diese Weise gebotenen Möglichkeiten, mich diesen interessanten Dingen mehr zu widmen, zu wenig bewusst wahrgenommen. Später konnte ich dann mit meiner Frau einige dieser Orte besuchen.

Im Sommer des letzten Lehrjahres wurde ich von einem Ehepaar eingeladen, nach Abschluss der Lehrzeit nach England zu kommen. Sie würden mir Logie anbieten solange bis ich Arbeit und Unterkunft gefunden hätte. In absoluter Euphorie ging ich an diesem Abend nach Hause. Die Mutter war wie gewohnt noch mit Hausarbeiten beschäftigt, solange noch nicht alle ihre Schäfchen zu Hause waren. Ich stürzte direkt zur Tür herein mit der Ankündigung, dass ich nun nach England gehe, aber die Mutter nahm das nicht ernst und meinte, ich soll jetzt besser schlafen gehen. Aber in den nächsten Tagen ging ich zur Gemeindekanzlei und liess mir den Reisepass anfertigen. Ein ungeheuerliches Gefühl, denn jetzt war ich erwachsen.

Es war September, ich hatte die Lehre hinter mir und auch bereits einige Monate als gelernter Mechaniker gearbeitet. Dadurch habe ich mir die Reisekosten nach England verdienen können, verdiente ich doch 2 Franken und 20 Rappen in jeder Stunde! Also, ich besorgte mir auf dem Bahnhof unserer Gemeinde ein Billet nach London. Da gab es ein bisschen verwunderte Gesichter hinter dem Schalter und man meinte, für sowas müsse ich in ein Reisebüro gehen. Ich hatte also nach Luzern zu fahren und suchte dort ein Reisebüro, in welchem mir ein Billet für die Hinfahrt in einem Nachtzug via Basel – Calais nach London ausgestellt wurde. Da ich nicht wusste wie mein nun angefangenes Abendteuer ausging, versteckte ich so viel Geld wie dieses Billet gekostet hat in einem Kleidungsstück, das ich dann auf der Reise trug. So war ich jederzeit in der Lage die Rückfahrt anzutreten. Als der Tag meines

Abschiedes von zu Hause nahte, gab es noch einige Angele-
genheiten zu erledigen und mich bei Nachbarn zu rechtferti-
gen, wenn so Fragen wie: „warum ich meine Eltern verlasse
statt mit Geldverdienen zu unterstützen", gestellt wurden. Ich
war mir natürlich dieser Situation voll bewusst.

Für mich war aber jetzt eine andere Zeitqualität angebrochen
und so fuhr ich denn mit dem Nachtzug um 2330 in Basel weg
nach Calais. Man muss sich vorstellen, dass ich bis zu diesem
Zeitpunkt in absoluter Unkenntnis war, was die Welt ausserhalb des Elternhauses zu bieten hatte. Irgendwo auf der Strecke
vor Calais machte der Zug Halt, und ich glaubte, das sei nun
der Bahnhof von Calais. Ich wollte doch Calais nicht verpassen
und dachte, jetzt ist es Zeit zum Aussteigen. Schon stand ich
mit meinem Köfferli an der Türe, da kam eine junge Frau, welche in meinem Abteil mitreiste daher, packte mich am Arm
und erklärte mir, dass das der Güterbahnhof von Calais sei und
wir aber noch eine grössere Strecke zu fahren hätten. Überrascht und doch glücklich, dass jemand für mich sorgt, wartete
ich geduldig auf den Zielbahnhof. Und endlich war's soweit,
ich ging zum Fährbahnhof, immer gespannt, was wohl als
nächstes auf mich wartet. Damals gab es den Tunnel unter dem
Kanal noch nicht. Schon bald ist das Schiff ausgefahren und
in Dover konnte ich wieder den dort wartende Zug nach
London besteigen. In London auf der Viktoria-Station durfte
ich das Ehepaar begrüssen, welches mich während den nächsten Wochen beherbergen wird.

In Southend on sea, in einem schmucken Haus war für mich
ein Zimmer reserviert und in den kommenden Tagen gab es in
der Gegend viel zu erkunden. Mehrere mal fuhren die Gastge-
ber mit mir in die Stadt London um ein Visum zu erlangen, da
ich bei dem Schwiegersohn der bereits genannten Hotelfamilie
zu Hause, arbeiten könnte. Aber alle Anstrengung war umsonst, es mangle nicht an Mechaniker in England, hiess es und

ich musste akzeptieren, nach Ablauf eines Monats wieder nach Hause zu reisen. Trotz allem war dieser Aufenthalt eine wunderbare Zeit. Ich habe sehr viel gesehen und gelernt. Einmal durfte ich mit in die Albert-Royal-Hall an einen Ballett-Abend (Petruschka von Strawinsky). Das war natürlich für mich etwas ganz neues, kannte ich doch bisher sowas überhaupt noch nicht. Es schien, als würde die Zeit schneller vergehen als früher, denn plötzlich war mein Abreisetag, und ich konnte mein damals zurückgelegtes Geld für ein Retourbillet recht gut gebrauchen. So kam es, dass ich schon bald wieder in Basel durch die Zollabfertigung ging und zu überlegen hatte, was nun folgen soll. Nach Hause fahren? Das liess natürlich mein Stolz nicht zu. In Basel bleiben? Oder? Oder? Wenn es schon mit „Englisch" nicht geklappt hatte, so vielleicht mit „Französisch". Also wäre doch z.B. Genf eine Option. Gedacht – getan! Nur, wie soll ich mit dem kleinen Resten Geld in der Tasche das angehen? Ich suchte die Ausfahrt-Strassen aus der Stadt Basel in Richtung Bern und wie es damals noch üblich war für Jungs, machte ich Autostopp und kam so noch gleichen Tags in Genf an. Jetzt gings als erstes mal auf die Suche nach einer Schlafgelegenheit und da kam mir eine Unterkunft von Pater Pierre für sog. „Clochards" gerade recht. Für 2 Franken pro Nacht inkl. einer Portion Ravioli war das für die nächsten paar Nächte gerade das Richtige. Am andern Tag schlenderte ich durch die Stadt, in erster Linie in den Industrie-Quartieren, um Arbeit zu finden. Da stand vor dem Eingang einer Fabrik auf einer Tafel „nous cherchons Mecaniçiens"! Hallo, das war wie gewünscht. Schon am nächsten Tag habe ich dort mit Arbeiten angefangen. Mit dem Restgeld in der Tasche musste ich noch ein „Übergwändli" kaufen. So blieb echt nichts mehr übrig. Einmal hätte ich gerne an einem Marronistand eine Tüte heisse Marroni gekauft, denn der Hunger konnte ich mit Ravioli oder Spagetti nie so ganz stillen. Ich sah den auf der Tafel angeschriebene Preis für 200 gr, und fragte, wieviel bekomme ich also für meine noch vorhandenen 20 Rappen. Der Verkäufer lachte und meinte, wenn es so knapp aussieht, nimm hier diese Tüte und verschwinde. Das war doch richtig schön! Nach 2 Wochen gab es den ersten Zahltag, mit dem ich die Schuld für die Übernachtungen sowie ein paar geborgte Franken bei einem Arbeitskollegen bezahlen, und in einem Restaurant endlich ein richtiges Nachtessen bestellen konnte. Dann packte ich meine paar Kleinigkeiten in die Koffer und bezog die inzwischen gesuchte Pension. Es war ein 3er- Zimmer im sog. Kolpinghaus. Das waren damals in allen grösseren Ortschaften von kath. Ordensschwestern geleitete Pensionen für junge Arbeiter. Da gab es lustige Situationen, waren wir alle doch ungefähr im gleichen Alter. Zum Beispiel hätten wir zur bevorstehenden Weihnacht doch auch gerne einen Christbaum im Zimmer aufgestellt, aber woher nehmen? Oh, nach einer gemütlichen Diskussionsrunde bei einer Flasche Bier war es klar. Wir gingen am Vorabend von Weihnachten in die nächste Parkanlage und suchten uns dort den passenden Baum. Wir waren doch zu dritt, also konnte einer am Zaun als Aufpasser fungieren und die andern zwei holten den Baum heraus. Diesen schleppten wir in unsere Unterkunft und waren glücklich, im Zimmer Weihnachten feiern zu können. Leider war das Glück von kurzer Dauer, kamen doch am andern Tag die für die Pension zuständigen Klosterfrauen daher und waren alles andere als erfreut über unsere Tat! Alles in allem, es war eine super Zeit zusammen. Eines Abend's waren wir im „Plain Palais" an einem Tanzabend. Da war plötzlich zwischen mir und einer Tanzpartnerin eine sehr vertraute Schwingung und so kam es, dass wir uns in den folgenden Wochen öfter's treffen mochten und auch an den Sonntagen zusammen kleine Ausflüge in der Umgebung unternahmen. Gerne gingen wir zusammen auf einen Spaziergang auf dem Salève, das war dort ein schöner Aussichtspunkt. Doch bald wurde mir bewusst, dass für mich noch andere Programmpunkte meines Lebens zu erarbeiten sind. Zum einen machte ich mir von Tag zu Tag mehr Gedanken, wohin mein beruflicher Weg führen soll. Zum andern musste ich erfahren, dass ich meine Freundin mit meinen Eltern nicht bekannt machen darf, da sie nicht katholisch getauft wurde. Ja noch viel schlimmer, sie gestand mir eines Tages, dass sie weder katholisch noch reformiert getauft wurde, sondern konfessionslos sei. Also wie man mich lernte, ist das einfach eine Heidin und somit für mich absolut nicht erlaubt. Auch wenn es sehr weh getan hat, aber entsprechend der damaligen Erziehung war ein Zusammensein in dieser Konstellation absolut nicht möglich. So war das eben damals. Ich glaube, dass ihre Eltern nicht ganz unglücklich waren über diesen Entscheid, denn sie gehörten zu den reichsten Leuten von Genf und hatten bestimmt für ihre Tochter, welche doch ihr einziges Kind war, andere Pläne, obwohl sie gegenüber der Tochter noch mir gegenüber nie eine entsprechende Bemerkung machten. Sie waren immer sehr zuvorkommend.

So kam es, dass ich, gestützt auf diese Überlegungen, mich in Zürich an der Technischen Abendschule für die Teilnahme mit Beginn im kommenden Frühjahr angemeldet habe. Ich habe dort eine Arbeitsstelle gefunden und planmässig mit der Abend-Schule begonnen. Schon im Verlaufe des ersten Semesters musste ich gestehen, dass Arbeiten am Tag, Schule bis spät in die Nacht und dazwischen die Themen verarbeiten, für mich zu viel abverlangt, denn oft konnte ich mich entweder bei der Arbeit oder auch in der Schule nicht mehr klar konzentrieren. Deshalb musste ich mich entschliessen, die Abendschule zu Beginn des zweiten Semesters nicht mehr fortzusetzen. In den freien Stunden hielt ich mich gerne entweder am See, in einem nahe gelegenen Park oder auch auf dem Uetliberg auf und dachte über „Gott und die Welt" nach, und versuchte zu ergründen, welche Zusammenhänge und Gesetze im Kleinen wie im Grossen verantwortlich sind. Ein Bisschen fühlte ich auch immer Heimweh nach meinem Elternhaus und manches Wochenende oder die Weihnachts- und Neujahrstage verbrachte ich zu Hause, worüber natürlich auch die ganze Familie froh war.

In dieser Zeit wurde mir ein Occasions-Auto zu einem günstigen Preis angeboten und da ich mit meinem nun verdienten Geld sparsam umging, habe ich dem Kauf eingewilligt. So war ich gerne auch unterwegs, und war auch schnell einmal zu Hause bei den Eltern oder ich machte die eine und andere „Spritzfahrt ins Grüne". Auch in den 3wöchigen Wiederholungskurs vom Militär war ich mit dem Auto gerne dabei oder ich bin nach Davos gefahren und habe das Strassennetz von Graubünden kennen gelernt. So kam es, dass eines Tages eine Reparatur fällig war und ich, um das Geld anderweitig einsetzen zu können, noch gefahren bin solange es möglich war. Doch es kam die Zeit in der ich mich von meinem ersten Auto trennen musste.

Eines Tages im Vorsommer des folgenden Jahres hatte ich die Idee, etwas mehr für meine Eltern zur Verfügung zu sein, indem ich wieder zu Hause einkehren würde, in der Nähe eine Arbeitsstelle annehme und so für diverse Tätigkeiten abrufbar bin. Ein Gedanke und dessen Umsetzung kann den Beginn für einen ganz neuen Lebensabschnitt bedeuten. Und so begann das nächste Kapitel:

Der Schritt in einen neuen Lebensabschnitt

Ich freute mich, eine gute Arbeitsstelle gefunden zu haben und zu Hause ein Zimmer mit Blick auf den See und in die Berge beziehen zu dürfen. Unser Haus stand an einem wunderbaren Platz. Zum See waren es zu Fuss einige Minuten, was mich als

Kind oft dazu brachte, meinem Vater gleich zu tun und am Morgen früh mit der Angelrute mein Glück zu versuchen. Wurde der Blick vom Haus über den See gerichtet, strahlte einen die fantastische Kulisse des Widderfeldes an. Oft bin ich als Junge mit dem Velo an den Ausgangspunkt zum Aufstieg gefahren und habe den 4-stündigen Bergweg unter die Füsse genommen um von dort oben stundenlang über Gott und die Welt nachzudenken. Später bin ich denn auch mit meiner Frau Maria und den beiden Kinder, als sie im Schulalter waren, dort hinauf. Und einmal sassen wir an der Klippe, die Beine über den Felsen gehängt und liessen bei Most, Brot und Wurst unserer Fantasie freien Lauf. Wir diskutierten über unsere Wünsche nach einer Möglichkeit, jetzt lediglich einen Gurt umschnallen zu können und hinausjucken. Und sofort würde ein Ballon aufgehen und uns ruhig und sanft ins Tal bringen. Zu dieser Zeit kannte man, mindestens bei uns, noch keine sog. Deltaflieger oder Hängegleiter oder dergleichen. Später hat dann unsere Tochter dies mit dem Deltaflieger nachgeholt.

Aber jetzt zurück zum Elternhaus, in dem allerlei Unterstützung notwendig war. Die Sorgen um die kranken Brüder war nicht kleiner geworden. Die ganze Sorgenlast hat sich auch auf den Tagesablauf des Vaters ausgewirkt, so hatte er immer mehr die Gewohnheit, nach dem Feierabend noch zum Stammtisch zu gehen um zu versuchen, dort die quälenden Gedanken für einen Moment loszuwerden. Dadurch ist er oft erst sehr spät nach Hause gekommen. Ein Grund dafür war sicher die Krankheit der Kinder und die daraus resultierenden finanziellen Sorgen. Dazu kam auch die seit Jahren schleichende berufliche Veränderung, denn mein Vater beherrschte das Küferhandwerk sehr gut, musste aber schon seit Jahren mangels an Aufträgen in einer Möbelfabrik sein Geld verdienen. Der Grund hierfür war die industrielle Herstellung von

Wäschezüber aus Plastik sowie die Verdrängung der sog. Güllenfässer bei den Bauern durch Pumpen und Schläuchen. Ja, diese Güllenfässer waren für mich ein „Begriff". Ich will versuchen hier ein solches Güllen- bezw. Jauchefass zu beschreiben. Es war ein ovales, ca. 3 Meter langes Holzgefäss, an den Enden ca. 2,0Meter und in der Mitte ca. 2,2 Meter Umfang, was bedeutet, dass die einzelnen Dauben in der Mitte entsprechend gebogen werden mussten. Diese Fässer wurden beim Bauer mit Jauche gefüllt und auf dem Pferdewagen über die Wiesen gezogen. Es waren also die Vorgänger der heute bekannten Jauchefässer aus Stahl, welche mit den Traktoren genauso über die Wiesen gezogen werden. Zu Zeiten als ich noch zur Schule ging hatte der Vater hie und da den Auftrag für ein neues Fass oder oft auch den Auftrag ein solches Jauchefass zu reparieren, da mussten in der Regel neue Dauben eingesetzt werden. Das Fass musste innen ganz oder bei einer Reparatur mindestens die neu eingesetzten Dauben zur Imprägnierung mit Carbolileum ausgestrichen werden. Damals war der Gebrauch von Carbolileum noch erlaubt, da die Gefahr von gesundheitlichen Schäden noch unbekannt war. Ich war, da keine Atemprobleme mich störten, derjenige welcher ins Fass kroch und diese Arbeit ausführte. Allerdings war das der Erstickungsgefahr durch die Ausdünstung des Imprägniermittels wegen, nicht ganz ungefährlich, deshalb hielt mein Vater, während ich da drin war, eine an einem Draht festgemachte brennende Kerze ins Fass, um zu kontrollieren ob auch genügend Sauerstoff vorhanden war. Sobald diese Kerze erlosch, war das ein Zeichen des Sauerstoffmangels, und ich musste das Fass sofort verlassen. Nun waren diese Güllenfässer aus Holz nicht mehr gefragt und ähnliche Arbeiten fehlten nun, und deshalb die berufliche Veränderung beim Vater.

Heute warteten andere Arbeiten auf mich, die ich immer gerne als Hilfe für meine Eltern ausführte, so zum Beispiel ein kleiner Hausgarten in welchem ich gerne verschiedene Gemüse und Blumen zog. Oder es war auch immer noch Holz für den Winter zu rüsten, um in dem kleinen Ofen im Stübli oder im Kachelofen der grossen Stube während der kalten Monate für Wärme zu sorgen. Unserm Haus gegenüber war ein Ferienhaus, welches auch diesen Sommer wieder mit einem Ehepaar aus der gesellschaftlichen Oberschicht besetzt war. Und wie das für diese Leute selbstverständlich war, hatte auch ihr Dienstmädchen dabei zu sein, vor allem in der Küche um die feinen Menue's herzustellen. Als ich eines Tages diesem Dienstmädchen begegnete, war mir als würde ich in eine andere Welt weggezogen.

Ich fühle mich versetzt in das schottische Herrschaftsgut mit dem schönen Castle. Ich sehe den Salon in welchem wir, das heisst, die Familie in der ich vor vielen vielen Jahren aufgewachsen bin, von Marie, diesem Dienstmädchen bedient wurden. Ich sehe das schöne englische Tafelgeschirr mit der blauen Musterung wie es damals von China her in die englischen Herrschaftshäuser gebracht wurde. Ich fühle die Nähe dieses Dienstmädchens und ich höre die Belehrungen meiner Mutter, dass ich meine Blicke nicht so intensiv auf sie richten soll, denn es ist nur ein Dienstmädchen und es geziemt sich nicht, dass unser Sohn sich mit ihr einlässt. Doch später trägt die Marie ein Kind von mir in sich und als meine Eltern davon erfahren, wird unser Dienstmädchen in einer Nacht dem Pferdeknecht übergeben und von ihm fortgeführt. Ich sehe sie nie mehr und bin zu Tode bedrückt.

Abrupt war in diesem Moment die Wirklichkeit der Gegenwart wieder vor mir, aber für mich war sofort klar, sie ist zurückgekommen und wird meine Frau werden. Bald kam die Gelegenheit wo ich sie einladen konnte mich zu einem Ballabend zu begleiten. Es war der Start einer grossen Verliebtheit und auch ihr war sofort klar, dass sie ihrem Freund von unserer Begegnung berichten wird. Ich war immer noch im Besitz meiner Trompete, aus welcher nun an manchen Abenden süsse Melodien von meinem Zimmer-Fenster hinüber hallten ins Haus vis-à-vis. Bald hatte ich auch Gelegenheit, mich in die Familie von ihr hineinzutasten. Beim Kennenlernen der Geschwister, es waren 4 Schwestern und 6 Brüder, gab es viele gemütliche Stunden. Marie wurde 1 Jahr vor Kriegsausbruch als siebtes Kind einer Bergbauernfamilie in einem Aussenbezirk von Einsiedeln geboren. Natürlich war da ein hartes Ringen um die Existenz notwendig. Mit 6 Kühen, 3 Schweinen und einigen Hühner war nur einigermassen eine Versorgung des allernotwendigsten gegeben. So gingen denn die Kinder oft bei Verlassen des Hauses um den Schulweg anzutreten, beim Hühnerstall vorbei und steckten heimlich eine Handvoll Hühnerfutter in die Tasche um etwas gegen den Hunger dabei zu haben. Die kleine Marie wollte schon früh die Nase in alles stecken. Zur Winterzeit war es üblich, dass ein Säuli geschlachtet wurde, vorausgesetzt es war eines vorhanden. Das Fleisch wurde auf dem Hof selber verarbeitet und so ergab es sich, dass zufälligerweise grad am zweiten Geburtstag von klein Marieli der Fleischwolf am Tisch montiert wurde um das Fleisch zur Wurstherstellung zu verarbeiten. Marieli sass daneben auf dem Tisch und in einem unbemerkten Augenblick streckte es sein Fingerli in die Maschine und wups war das Fingerli um einen Centimeter gekürzt. Oh weh, da wurde schnell gehandelt und die Mutter setzte die Kleine hinten auf das Velo und fuhr mit ihr nach Einsiedeln. In den „Bezirken" gab es damals keinen Arzt, so gab es nur die eine Möglichkeit, trotz winterlichen Schneeverhältnissen, eine halbe Stunde zu radeln. Auch sonst war die Kleine immer ein bisschen an der Front. Da kamen während des Krieges gewisse sogenannt „Bessere", so nannte man sie damals, wenn sie über viel Geld verfügten. Diese kauften bei den Eltern von Marie Butter und Eier. Da brauchte es keine Rationierungsmarken auszutauschen und der Familie gab es ein paar Batzen in die Kasse. So kam es, dass eines Tages ein Fotograf an der Türe stand und ein Bild der Familie beim morgentlichen Frühstück machen wollte. Doch grad just hatte die Kinderschar den letzten Bissen Brot geschluckt, aber auf die Bitte des Fotografen hin schnitt der Vater nochmal in den Brotlaib und kaum war der Schnitt getan, streckte auch Marieli als erste wieder die Hand hin. Ob alle andern auch noch etwas abbekommen haben? Sicher war der Fotograf mit dem tollen Schnappschuss sehr zufrieden. Einer der Brüder von Marie entdeckte diese Foto 15 Jahre nach Kriegsende in einer Zeitung unter der Ueberschrift „Familien in Not"! Doch zu dieser Zeit waren alle dieser Situation entwachsen und haben ihren Weg gefunden.

Die dritte vorne rechts ist Marieli

Als Marie 5 Jahre alt und die Mutter mit dem Jüngsten im siebten Monat schwanger war, erkrankte der Vater und ist, noch bevor das Jüngste geboren wurde, gestorben. Ist es heute für uns nachvollziehbar, wie in einer solchen Situation eine Mutter alles bewältigen kann? 10 Kinder, das älteste just 14 Jahre alt und das Elfte noch nicht geboren. An irgend welche Sozialhilfe war damals nicht zu denken. Die einzige Möglichkeit war bei solchen Verhältnissen, dass die sogenannte Fürsorgestelle der Gemeinden ein oder mehrere Kinder in ein Heim steckten, aber für dieses Vorgehen konnte sich die Mutter von Marie glücklicherweise mit Erfolg wehren. Dieser Erfolg hatte sie auch zu einem grossen Teil einem ihrer Brüder zu verdanken, welcher als Vormund eintrat um bei eventuellen Schwierigkeiten da zu sein. Leider ist zu sagen, dass das zu jener Zeit Jüngste von einer Tante geholt wurde mit der Aussage, sie möchte das Kind behüten, solange die Mutter noch mit dem nächsten in Erwartung ist. Das Baby wurde gesund geboren und war bereits aus dem Windelalter, und trotz allen Bemühungen gab die Tante das zur vorübergehenden Sorge angenommene Kind nicht mehr zurück. In der Folge ein Foto aus dieser Zeit. Für dieses Foto waren noch alle 11 Kinder anwesend. Das Mädchen ganz rechts aussen ist Marieli.

Aber der Kontakt mit dieser Schwester blieb bis heute bestehen. Die Mutter hatte ein absolutes Gottvertrauen und ich lernte sie als eine stille und frohe Frau kennen, welche jeden Tag dankbar entgegen nimmt, egal was er bringen mag und in jeder Situation bewusst vorgeht. So konnte sie auch mit allen Schwierigkeiten, und es waren nicht wenige, gut umgehen. Unsere Kinder haben sie als liebes Grösi geliebt und schon in unsern frühen gemeinsamen Jahren hat sie uns auf eine naturbezogene Lebensweise hingewiesen. Sie war es auch, welche Maria mit dem Wissen der Hl. Hildegard v. Bingen bekannt gemacht hatte. Zu dieser Zeit wurden wir schräg angeschaut, wollten wir unsern Bekannten dieses Wissen weiter vermitteln. Aber es gibt immer Menschen, welche ihrer Umgebung mit ihrem Denken in einem bestimmten Thema ein paar Jahrzehnte voraus sind.

So habe ich die ganze Familie mit samt ihrer interessanten Geschichte kennen gelernt und wurde von allen auch als zukünftiges Mitglied willkommen geheissen. Schon im Sommer des folgenden Jahres gaben wir uns in einer Wallfahrtskirche das Ja-Wort. Nun begann unser gemeinsames Lebens-Programm Punkt für Punkt abzulaufen. Als erstes war der Bezug einer Wohnung, welche wir in Luzern gefunden haben. Ich besorgte mir auch in der Stadt eine gute Arbeitsstelle und Maria (so war ihr zukünftiger Name) übernahm im Haus die Arbeiten des Hausabwarts. Da bei Maria nun immer mehr das kommende Ereignis sichtbar wurde, machte ich mir parallel dazu auch immer mehr Sorgen um sie. Ich konnte Ihren Zustand nicht so richtig mit der Arbeit als Abwart zusammenbringen. Aber ich liess mich immer wieder belehren, das sei keine Krankheit und sowieso sei sie auf einem Bauernhof aufgewachsen und könne wohl gut spüren, was zu tun ist. Ja tatsächlich durfte ich immer stärker die Vorzüge ihres Naturtalents erfahren. Aber eine Schwangerschaft hatte ich bis dahin noch nicht miterlebt und spätestens beim zweiten Kind, knapp 2 Jahre nachher, war das auch für mich ein natürliches, doch nicht weniger schönes und freudiges Ereignis. Aber jetzt zuerst mal die Geburt des ersten Kindes. Ich arbeitete im Service-Aussendienst und fuhr einen Citroën 2CV als Service-Auto. Als die Zeit nun kam, brachte ich Maria am Spätnachmittag in die Klinik. Noch am gleichen Abend begannen die Wehen. Ich musste im Spitalgang Platz nehmen und warten bis die Krankenschwester, es war gegen Morgen, Freude strahlend zu mir sagte, dass uns nun ein Mädchen geschenkt wurde. Alles ist gut gegangen und ich konnte mich vor Glück kaum halten. Ich durfte nun ins Zimmer und beglückwünschte die neue Mama und unser kleines Mädchen. Ab diesem Zeitpunkt waren wir drei eine glückliche Familie. In dieser Zeit wurde mein Vater im nahe gelegenen Kantonsspital mit Lungenkrebs eingeliefert. Oft spazierte Maria mit dem Kinderwagen dorthin und verkürzte so meinem Vater die Spital–Nachmittage. Der Vater war immer sichtlich erleichtert und freute sich über den Besuch. Er mochte Maria sehr gerne und nun auch unser Baby.

In weiser Voraussicht, dass nun eine Zeit beginnt, in welcher, vor allem für die Kinder, immer neue Kleider benötigt werden, wünschte sich Maria eine Nähmaschine. Wir konnten nur eine Anzahlung leisten und den Rest hatten wir in Raten zu bezahlen. Dies war eine unserer ersten Investitionen, welche sich über Jahre bewährt hatte und die Ratenzahlungen zum vielfachen zurückverdient wurden, denn Maria fertigte absolut perfekte Kleider an. Für sich selber und für die Kinder. Noch weit über das Jugendalter hinaus wollten sie nur von Mami angefertigte Kleider! Und ein Kauf auf Kredit war auch nie mehr ein Thema.

Um meine, in einer seit einiger Zeit besuchten Abendschule erarbeiteten beruflichen Kenntnisse auch in Geld umsetzen zu können, habe ich ca. ein Jahr nach der Geburt des Töchterleins in Zug bei der damaligen Landis & Gyr eine neue Stelle angetreten. Im darauffolgenden Frühjahr bekam eines Abend's unsere kleine Tochter ein Brüderlein. Es war wohl Zeit dazu, aber der Kleine mochte, als er mit den ersten Wehen das Signal gab, nicht mehr warten und dann ging es sehr schnell. Ich hatte in dieser Zeit kein Auto und so nahmen wir ein Taxi, und fuhren in die Klinik. Kaum dort im Zimmer angekommen, durfte ich Geburtshelfer sein. Natürlich zuerst zögernd aber als die anwesende Hebamme rief: hop hop, die Hemdsärmel umkrempeln und helfen! War ich voll dabei, das Wunder des Lebens in vollen Zügen zu erleben. Nun waren wir eine Familie mit einem Mädchen und einem Knaben. In stillen Momenten machte ich mir gerne ein paar Gedanken über das Leben mit allem Sichtbaren und Unsichtbaren. Da kam mir auch durch den Kopf, was ich mir damals als junger Bursche bei meinen „Besuchen" in der Grotte immer wieder gewünscht bezw. vorgestellt hatte. Es war eine Familie, genau so wie ich sie nun haben darf. Ich wünschte mir eine gute Frau und als Kinder ein Mädchen und ein Knabe. Dieses Zusammenspiel von Gedanke und der daraus resultierenden Wirklichkeit faszinierte mich in der Folge immer mehr, doch vorläufig wollte ich die verbleibende Zeit nebst Arbeit, mit den Kindern und ihrer Mama verbringen. Momentan gab es auch ein paar hektische Monate, weil wir in dieser Zeit einen Wohnungswechsel in die Nähe meines neuen Arbeitsplatzes durchführten. Diese Wohnung befand sich in einem neuen Quartier in Blickensdorf. Um unsere finanzielle Situation aufzubessern machte Maria dort im Wohnblock nebenan wieder die Abwartsarbeiten. Ich selber konnte für einen Nebenverdienst in Baar in einem Möbelgeschäft je Samstags als Möbelverkäufer tätig sein.

Eines Tages kam Bericht, dass mein Vater gestorben ist. Bald darauf wurde durch meinen ältesten Bruder unser Haus verkauft und die Mutter wohnte entweder bei einem meiner Brüder oder bei der jüngsten Schwester. In die Verkaufs-Abwicklung des Hauses war ich nicht involviert und länger je mehr spürte ich das unausgesprochene Unverständnis meiner Mutter, dass ich eine einfache Bauerstochter aus einer armen und kinderreichen Familie geheiratet habe.

Es wurde mir bewusst, warum ich als Kind vom Spielen mit Nachbarskinder und speziell später als Jugendlicher von verschiedenen, nicht kirchlichen Veranstaltungen, fern gehalten, jedoch gelernt wurde, sogenannt „Bessere" sehr zu respektieren. Als Junger schien es, als würde sie dieses Verhalten aus einem Gefühl der Minder-Wertigkeit manifestieren. In dieser Weise verstand ich auch ihre Mahnung, ich solle mich nicht in das „Getue" eines Mädchens einlassen, als ich im fortgeschrittenen Jugendalter ausser Haus, etwa an ein Waldfest ging. Es war damals üblich, dass jeder Verein im Dorf im Verlaufe eines Sommers ein Waldfest organisierte. Manchmal dachte ich, dort die Gelegenheit zu finden, ein wenig aus meiner, mir völlig bewussten Verklemmtheit heraus zu gehen. Aber jedes mal musste ich wieder mit der gleichen Enttäuschung über mich selber nach Hause gehen. Selten habe ich es fertig gebracht, zu der mir so geliebten Musik, ein Mädchen zum Tanze zu fragen. Immer hatte ich das Gefühl, dass es doch sowieso ein „Nein" gab, da ich zu wenig gut tanzen kann! Später als ich mehr über diese Vorgänge nachdachte, ist mir klar geworden warum ich weder einen Jugendfreund noch eine Jugendfreundin hatte und es ist auch interessant, zu sehen, dass alle meine Schwägerinnen und Schwager ausserhalb unseres Kantons aufgewachsen sind. Je mehr ich mich mit dem Phänomen „Leben" auseinandersetzte, begriff ich nun dieses Verhalten der Mutter gegenüber meiner jungen Familie sehr gut, war es doch eine Wiederholung der damaligen Vorgänge im Castle, oben in Schottland und die damalige Situation musste nun diesmal verstanden werden durch die Akzeptanz, zu welcher ja dann auch die Aufarbeitung führte. In diesem Zusammenhang war es auch zu verstehen, dass es noch einige Jahre bedurfte, bis begriffen wurde, dass nicht Rang, Würde und Reichtum den Sinn des Lebens ausmacht. Doch noch einige Zeit waren Vorkommnisse wie das folgende für mich emotional mit Schmerzen verbunden. Ich wurde von einem meiner Brüder für Götti seines neugeborenen Knaben gebeten. Ich freute mich zusammen mit Maria auf den Tauftag meines kleinen Göttikindes. Wir haben bereits meine Schwiegermutter angefragt, am Sonntag unsere beiden Kleinen zu hüten, denn meine Mutter war ja sicher bei diesem Tauffest dabei. Doch am Vorabend des Sonntags gab's ein Telefonanruf mit unmissverständlichem Hinweis und mit nicht eindeutiger Begründung, ich soll am Taufsonntag allein, weder mit Maria , noch mit den Kleinen kommen. Glücklicherweise waren solche Gegebenheiten für meine Frau nicht zu beachtende Kleinigkeiten. Selbstverständlich liebte ich trotz allen diesen psychischen Dämpfern meine Mutter sehr und es war uns ganz wichtig, dass unsere Kinder auch diese Grossmama ins Herz schliessen konnten und es gab immer wieder die Möglichkeit, egal bei welchem Geschwister sie gerade einquartiert war, sie zu besuchen.

Es war mir aber nicht bewusst, dass das Problem meiner immer wiederkehrenden Migräne auch im Zusammenhang mit den oben geschilderten Erfahrungen liegen könnte.

Wir hatten mit unsern Kindern eine glückliche und aktive Zeit mit vielen verspielten Stunden und schönen Unternehmungen. Ich kaufte einen Citroën 2CV und Maria lernte Auto fahren. Beinahe an jedem schönen Wochenende waren wir unterwegs, entweder im Bisistal oder auf der Ibergeregg anzutreffen. Auch nach Feldis (GR) kannte das Auto den Weg bald schon selber.

Dort wohnte und führte mein Bruder, zu welchem ich vor Jahren nach Fribourg gefahren bin, ein Heim für behinderte Kinder. Unsere und seine eigenen Kinder waren immer ein fröhliches Team!

Als sie ins Schulalter kamen, wechselten wir in eine grössere Wohnung, damit der Sohn wie die Tochter ihr eigenes Zimmer hatten. Es war wieder eine Folge unserer spontanen Eingebung, denn schnell mussten wir handeln um die Eigentumswohnung zu erhalten. Dieser Schritt war für unsere damaligen finanziellen Verhältnisse nicht ganz selbstverständlich, auch wenn wir mit nur 5000 Franken den Vertrag abschliessen konnten. Aber wir waren überzeugt, das Richtige zu tun. Die Nebenbeschäftigung als Möbelverkäufer habe ich aufgehört. Zu dieser Zeit unterhielt die Firma Landis & Gyr eine sog. Freizeit-Werkstatt. Dort konnten die Angestellten nach Feierabend ihrem Hobby frönen und sich in Arbeiten mit Holz üben. Es war auch immer ein gelernter Schreiner als Sicherheitsperson anwesend, den man immer um Rat fragen konnte. Diese Werkstatt war mit allem notwendigen Werkzeug und den Maschinen zur Holzbearbeitung ausgerüstet. Hier habe ich in vielen Abenden alle Möbel für die Kinderzimmer angefertigt. Die Masse und die Konstruktion für die Kleiderschränke, Bürotische und vor allem die Schubladenmöbel hatte ich natürlich aus genannter Nebenbeschäftigung gut im Griff. (Ich dachte, Kopien für Eigenbedarf sei erlaubt!) Auch in der Küche und im Badezimmer unserer neuen Wohnung gab es noch Platz für zusätzliche Einbaumöbel. Aber diese Arbeiten konnten mich nicht davon abbringen, trotzdem viele Stunden und sicher die Wochenenden mit der Familie zu verbringen.

Maria und ich fingen an, uns mehr mit der Frage nach dem SEIN zu beschäftigen und gingen, während die Kinder in einem Pfadilager waren, zusammen eine Woche an einen schönen Ort in den Bergen in einen Meditationskurs für

Kriya-Yoga. Nebenbei gab es auch Gelegenheit, einen Informationsabend über die Anwendung der Bachblüten (Essenzen von Dr. Bach) mitzumachen. Ungefähr zur gleichen Zeit erhielt Maria von ihrer Mutter ein kleines Buch mit dem Titel „So heilt Gott". Es war eine Beschreibung der hl. Hildegard von Bingen und ihrem Wirken. Zu dieser Zeit und vor allem in unserem nähern Bekanntenkreis gehörte Heilung durch Meditation und auch die Kenntnis der Vorgänge durch unser Unterbewusstsein noch weitgehend zur Scharlatanerie. Dazu kam das Bekanntwerden meiner Ausbildung in psychologischer Astrologie. Immer häufiger wurde meine Freizeit mit astrologischer Beratung und Gruppenarbeit ausgefüllt. Diese meine Hilfe, welche ich in der Freizeit und ohne Entgelt anbot, hat sich weit herumgesprochen. Es ging nicht unbemerkt an uns vorüber, dass sich in unserer eigenen familiären Umgebung eine Abwendung vollzog. Es ist ja bekannt, dass sich die Gesellschaft gerne von Menschen welche sich von der Art der Allgemeinheit etwas abheben, distanziert. So haben wir uns denn in dieser Richtung nicht mehr geäussert. Zur selben Zeit machte ich eine 3-jährige Ausbildung in integrativer Körperarbeit, was sich so äusserte, dass ich wöchentlich einmal am Abend nach Basel fuhr und mich dort in Psychologie, Spiritualität und Interdisziplinärem Wissen ausbilden liess. Es war eine Ausbildung auf der Basis von Feldenkrais und führte mich dann hin zu geistiger Heilkunst. Wir hatten Referenten mit verschiedenen Themen aus diesem umfangreichen Sachgebiet. Hier hatte ich einmal Gelegenheit zu einer Rückführung in meine Kindheit. Da sah ich die Entstehung meines sog. Komplexes durch die Verdrängung gewisser Situationen ins Unterbewusstsein und das daraus resultierende Kopfweh. Ich konnte nun das Lösen dieser Fixationen angehen und verlor in der Folge die Anfälle von Migräne für mein ganzes noch bevorstehende Leben. Alle diese Vorgänge interessierten mich sehr. Am Ende von Gruppenarbeiten der durchgeführten Übungen, bei welchen wir Menschen aus der Umgebung dazu eingeladen haben, wurde ich oft nur noch der „Magier" genannt. Ein diesbezügliches Erlebnis will ich hier gerne anfügen. Es war ein Kursabend wie jeder andere, da kam eine Person zur Tür herein geschlichen und flüsterte dem Kursleiter ins Ohr, es sitze eine Frau im Korridor am Boden und sei nicht ansprechbar. Da rief der Kursleiter mich auf, hinaus zu gehen und diese Frau nach Hause zu führen. Ich hatte natürlich keine Ahnung wo diese wohnt und nahm einen Kollegen, welchem die Frau bekannt war, als Begleiter mit. Zu Hause angelangt kramten wir ihr den Hausschlüssel aus der Tasche, führten sie in ihre Wohnung, und legten die Frau auf den Sofa. Ich muss erwähnen, dass diese Frau nach unserer Einschätzung nicht auf Grund von Einnahmen irgendwelcher Drogen oder Medikamenten in diesem Zustand war. Ich erfuhr von meinem Kollegen, dass diese Frau bekannt war mit ihren psychischen Anfällen dieser Art. Da wurde mir sofort klar was hier geschehen ist. Ich konzentrierte mich für einen Moment und bemerkte, dass da eine fremde Wesenheit ihren Unfug treibt. Ich redete mit diesem „Etwas" und gab den Befehl, doch diese Frau zu verlassen und nie wieder in Besitz zu nehmen. In diesem Augenblick richtete sich die Frau auf und war ganz erstaunt, hier auf ihrem Sofa zu sein, dankte und wir verabschiedeten einander. Man hörte nie mehr etwas in diesem Sinne von ihr. Heute bin ich überzeugt, dass diese Frau aus irgend einem Grund, vielleicht einfach ein etwas labiles Gemüt besitzend, prädestiniert war, dieser fremden Wesenheit, nennen wir es umherirrende Seele, Gelegenheit zu geben, von ihr Besitz zu nehmen.

Trotz der genannten Interessen für welche ich natürlich manche Abende einsetzte, nahm ich mir auch sehr viel Zeit mit meiner Familie, bewusst schöne Stunden zu erleben.

Wir machten zusammen mit unseren Jungen viele schöne

Wanderungen, Ferien im Zelt oder auch einfach interessante Ausflüge und natürlich auch schöne (Spiel)-Tage zu Hause. Eines Tages zeigten auch sie uns, wie sie „flügge" wurden, und es war schön so. Auch das Alleinsein war für meine Frau und mich kein Problem. Wir hatten, wie schon genannt, viele interessante Themen und auch immer Menschen bei uns, die bei einem Tee oder kleinen Imbiss von uns gerne Anregungen für ihr tägliches Leben entgegen nahmen.

Von einer jungen Bauernfrau in unserer Nähe wurde Maria angefragt, stundenweise für ein kleines Entgelt mitzuhelfen bei einer neuartigen Therapie für ihren kleinen Sohn, welcher an einer geburtsbedingten Hirnschädigung litt, und dadurch im Bewegungsablauf behindert war. Anfangs war das ein ganz gezielter Einsatz von wenigen Stunden pro Tag. Diese neue Therapie wurde in England entwickelt und der Fortschritt bei dem Kind war sehr langsam, jedoch nicht zu übersehen. Maria war voll Enthusiasmus bei dieser Tätigkeit und immer mehr zeigte sich, dass sie eine glückliche Hand für diese Therapie hatte und so kam es, dass sie Begleitperson war, wenn es darum ging, nach England zu fliegen um dort im „Institute for Brain injured Childeren" Kontrollen durchzuführen und neue Anweisungen entgegen zu nehmen.

Als erste Auslanderfahrung zu zweit, haben wir uns einen Städteflug nach London gebucht. Diese 3 Tage haben wir in vollen Zügen genossen, haben auch alleine einen Ausflug nach Brigthon unternommen, weil zur organisierten Durchführung zu wenig Anmeldungen vorlagen. Der Tag war einfach super! Wir mussten feststellen, dass es notwendig ist, uns ein paar Englisch-Kenntnisse anzueignen, wollen wir in Zukunft noch weitere Reisen machen. Kaum waren wir wieder zu Hause, haben wir uns an einer Schule in Hove bei Brigthon für einen Intensivkurs von 4 Wochen angemeldet. Für eine sprachliche

Weiterbildung war das für mich kein Problem, in der Firma einen Monat Ferien einziehen zu können. Und so haben wir dann in Hove bzw. Brigthon die Schule angetreten. Maria erhielt dort eine Einzel-Unterrichtung für Anfänger mit grossem Erfolg, und ich kam in die Klasse für Konversation. Das war der Startpunkt unserer Reisen in den nachfolgenden Jahren. Es waren mehrere Reisen nach Schottland, Irland, Griechenland und auch einmal bis hinauf ans Nordkap. Alle Reisen unternahmen wir mit unserm eigenen Auto und auf eigene Organisation hin, um mehr Volksnähe zu erleben. Da Maria mit mir durch „Dick und Dünn" gegangen ist, haben wir Anfang der 90er Jahre angefangen, uns auf die Indienreise, wie oben beschrieben, vorzubereiten. Da 1992 der Sohn anlässlich seiner Motorrad- Weltumrundung in Afrika hängen geblieben ist, war unsere nächste Reise, 2 Jahre später natürlich nach Afrika.

Zu dieser Zeit hat sich unser Sohn, auf seiner bereits erwähnten Töfftour, in Malawi nieder gelassen, sich dort eine Existenz aufgebaut und später geheiratet. Bereits im 1994, also erst 2 Jahre nach Antritt seiner Reise haben wir ihn zum ersten mal dort besucht. Allerdings war er zu dieser Zeit noch allein und hatte sich noch nicht definitiv installiert. Trotzdem war er jetzt für uns schon ein guter Reiseführer und führte uns durch viele interessante Ausflüge in Wildparks, an schöne Gestade am See oder an Ausflugziele in den Bergen. Zudem hatten wir für diese Reise auch unsere Tochter mit dabei und sie ist angesichts ihrer 2-CV-Afrika-Durchquerung diesbezüglich nun ein echter Mentor! Für die folgenden Tage hat der Sohn, zusammen mit Kollegen und Kolleginnen, die in div. Hilfsorganisationen tätig waren, eine Bergtour hinauf auf den Mulanji organisiert.

Die Tour sollte über Tage dauern und wir hatten jeder einen Materialträger dabei. Am ersten Tag, wir sind erst kurz unterwegs, beginnt es zu regnen, doch wie es in Malawi oft vorkommt, ist dies in der Regel eine kurze Phase. Wir setzen unser begonnenes Abenteuer fort und es scheint, dass auch der Wettergott der gleiche Gedanke hat und es ohne Unterlass regnen lässt. Nach Stunden des Aufstiegs sind wir von oben bis unten durchnässt und stehen am Ufer eines, normalerweise harmlosen oder sogar meist trockenen Bächleins, diesmal aber mit Wasser angefüllt das tosend zu Tale stürzt.

Da helfen die einheimischen Träger mit ihrem Wissen aus und suchen eine Stelle, an welcher eine Überquerung machbar wird. Sie bilden eine sog. menschliche Kette, nehmen immer zwischen 2 von ihnen eine Person von uns und beginnen, alle seitwärts gehend, die Arme ineinander verschränkt, die Überquerung. Die auf diese Weise sublimierte Kraft genügte, das andere Ufer zu erreichen. Von dort war es nur noch wenige Minuten bis zu einer Berghütte. Kaum eingetreten, fingen wir uns an auszuziehen, in der Feuerstelle Feuer machen und alle hängten oder legten ihre Kleider zum trocknen. Es war ein Anblick als wären ein paar Gangster hier versteckt. Nackte Menschen lagen da umher, ihre Gewänder an den Leinen, dazwischen Geldnoten in Mengen (in Malawi braucht es viele Noten für einen relativ kleinen Betrag) ebenfalls zum Trocknen. Es war natürlich nicht zum Trocknen aufgehängt, weil es Geld war, das „gewaschen" werden musste, nein, alles war einfach durch und durch nass. Diese Nacht war Erlebnis pur und so hatte am andern Tag niemand mehr Lust diese Bergwanderung fortzusetzen und wir haben den Rückweg angetreten. Müde und abgespannt aber unbeschadet sind wir am Ausgangspunkt angekommen. Zu unsern Autos, mehr geschlürft als gegangen und da sahen wir neben dem Parkplatz eine Tafel mit der Aufschrift: „Bei nassem Wetter diesen Weg nicht begehen"! Nun also, diese Information ist für uns nun wahrhaftig zu spät!

Und auch der Gedanke, dass wir als ganze Familie hätten verloren gehen können, kam mir (glücklicherweise) erst, als wir wieder zu Hause in der Schweiz das Ganze versuchten ein wenig zu ordnen.

Übrigens, die Heimreise wurde diesmal noch mit einem Zwischen-Aufenthalt von einer Woche in Johannisburg bei Freunden der Tochter unterbrochen.

Ab diesem Zeitpunkt war im Durchschnitt alle 2 Jahre eine Reise dorthin auf dem Programm. Während all diesen Jahren füllte ich meine Freizeit zum grossen Teil mit Beratungen aus. Ich konnte sehr vielen Menschen aus unserem Bekanntenkreis und wiederum aus deren Bekanntenkreis, jedoch keinem aus der direkten Verwandtschaft, in ihren Problemsituationen behilflich sein. Das war für uns eine glückliche Zeit.

Eines Tages kam die Frage wie es nach meiner Pensionierung weitergehen soll. Die Jungen sind schon lange auf ihrem eigenen Weg und die Frage wohin sie fahren müssen um ihre Eltern zu besuchen hatte für sie keine Bedeutung, denn wir waren ihnen zu wichtig als dass die Distanz eine Rolle spielen würde. Genauso war es auch von unserer Seite keine Frage, ob in unmittelbarer Nähe oder auf der andern Seite der Erde sie glücklich sind. Denn Distanz und Zeit ist kein Hindernis, wenn man Menschen liebt. So haben wir uns wieder einmal blitzartig entschieden, ein zum Kauf angebotenes Haus in der französisch sprechenden Schweiz zu kaufen. Es war ein Ort mit beinahe magischer Kraft. Das Haus wurde Ende 1800/Anfang 1900 von Engländern erbaut und stand an einem schönen Ort mit schöner Sicht ins Tal und in die Berge. Auf dem dazugehörenden Land standen 3 herrliche, mächtige Sequoia und das ganze hatte eine grosse positive Schwingung.

Gleichzeitig mit dieser Aenderung unserer Adresse dorthin musste ich mit den Beratungen aufhören. Einerseits war es schade, anderseits für uns eine Rückkehr zu uns selber. Die folgenden 15 Jahre waren einfach fantastische Jahre. Wir konnten nach Wunsch entweder draussen im eigenen Stück Wald, oder im Garten und für Maria besonders schön, im ganzen Grundstück mit vielen schönen Blumen, arbeiten, oder eine Wanderung unternehmen, oder im nahe rauschenden Bach Steine für verschiedene kleine „Hangbesfestigungen" auf unserem Grundstück suchen oder einfach nichts tun. Aber das „Nichtstun" war eher selten, es gab auch, besonders in den ersten 10 Jahren viel Besuch und dies oft für mehrere Tage. Auch wurden wir schon bald, nachdem wir uns dort in diesem kleinen Bergdorf eingelebt hatten, zum Mitmachen in einem gemischten Chor gebeten, und das war auch immer schön, bei verschiedenen Anlässen, sei es im Dorf oder im Tal, mitzusingen.

Auch waren wir nun frei zum Reisen, hatte ich doch nun keine Beratungs-Termine mehr zu beachten. Zu dieser Zeit hatte sich unser Sohn in Malawi bereits gut „installiert" im Gegensatz zu den ersten Besuchen wo er noch auf einem Campingplatz lebte. Nun verdiente er seinen Lebensunterhalt, indem er überall defekte Geräte flickte, war er doch genau wegen einer solchen Hilfeleistung in Malawi geblieben. Denn als er am Tag seiner Einreise in Limbe, einer Ortschaft in Malawi, einen Kaffee trinken möchte und in einer Pizzeria danach fragte, bekam er zur Antwort, dass die Kaffeemaschine schon lange defekt sei. Wo ist die Maschine? Fragte er und reparierte sie und schon bald erfreute er sich mit einem guten Kaffee. Genau so schnell ging die Botschaft um, es ist ein „Musungu", d.h. ein Weisser hier, der alles flicken kann!! Der Besitzer dieser Pizzeria, sein Name war Fabio, war der Schwiegersohn von „Konforzi", des italienischen Besitzers eines Tee- und Kaffee-Imperiums. Einige Tage später hat Fabio uns allen bei sich zu Hause ein Zimmer angeboten. Einmal sagte unser Sohn, er müsse für 1 -2 Stunden weg. Er habe in der Teeplantage zu tun. Nach seiner Rückkehr zu uns wollte ich wissen, wieviel hast Du nun an dieser Arbeit verdient? Schliesslich bin ich ein Schweizer und obwohl ich schon lange nicht mehr um seinen

Lebensunterhalt besorgt sein muss, interessiert es mich doch wie hier die Wirtschaft „spielt". Zur Antwort sagte er nur: Papa, warte bis Morgen und Du wirst es erfahren. Tatsächlich erfuhr ich es, denn wir waren am andern Tag bei „Konforzis" zum Mittagessen eingeladen. Zuerst im Schwimmbassin einen ausgiebigen „Schwumm", dann wurde am Bassinrand von Dienern der Champagner serviert, anschliessend durften wir uns im Salon, unter Platzanweisung der Madam „Konforzi" setzen. Da gab es kein Nebeneinander von uns, sondern, um die Gespräche lebendig zu halten, war es eine gezielte Platzmischung. Das nun von Dienern mit weissen Handschuhen servierte Essen war vorzüglich, ich möchte beinahe sagen, himmlisch. Im Verlaufe des Nachmittags wurden wir vom Sohn „Konforzi" hinaus geführt zum Hangar und er machte mit uns einen Flug mit seiner Cessna über seine Plantagen. Anschliessend führte er uns durch die Gebäude der Tee-Verarbeitung. Auch die Arbeitsbedingungen der vielen Angestellten war vorzüglich und jede/jeder Angestellte war glücklich, hier einen Verdienst zu haben. Ich war vom Ganzen sehr fasziniert. Ich war nun beruhigt, zu wissen, dass unser Sohn dank seines Könnens, seines Fleisses und auch seiner guten Lebensphilosophie hier in Malawi seinen Weg mit Begeisterung und Freude gehen wird. Und wir wurden über alle Jahre nicht enttäuscht, im Gegenteil, immer wieder aufs Neue freudvoll überrascht. Er hat sich einen grossen Bekanntheitsgrad erarbeitet.

Gegen Ende der Neunzigerjahre sind wir wieder, natürlich zum x-ten mal, zum Sohn gereist. Diesmal durften wir dabei sein als er seine Geliebte heiratete. Das war ein schönes Fest in ganz kleinem Rahmen. Einzig das Hochzeitspaar, ein Freundespaar als Nebenhochzeitspaar und Maria mit mir waren dabei. Mit dieser Frau lebte er in Harmonie und Freude und sie waren zusammen auch einige male bei uns in der Schweiz zu Besuch.

Im Jahre 2010 erkrankte die Frau. Wir waren zu dieser Zeit gerade wieder bei ihnen, und der Sohn flog uns, diesmal mit seiner eigenen Cessna, auf eine Insel im Malawisee, wo wir alle zusammen ein schönes Wochenende verbrachten und hofften, unsere Schwiegertochter werde sich hier gut erholen. Doch es wurde nicht besser und als wir wieder bei ihnen zu Hause angekommen sind, musste er sie ins Spital bringen. Maria und ich hatten für diese Woche unsern Heimflug gebucht und einige Tage nach unserer Rückkehr in die Schweiz erhielten wir Bericht, dass sie der Krankheit erlegen ist.

Wie aber das Leben so ist, wurden auch wir beide immer älter und deshalb für das doch arbeitsintensive Grundstück hier in der Waadt langsam zu müde. Nach dem Grundsatz: „Verlasse das Fest solange es noch schön ist", haben wir eine kleine Wohnung in der Zentralschweiz und für das Haus einen Käufer gesucht. Wir dachten an die kommenden Jahre, wo vielleicht das Gehen nicht mehr so selbstverständlich ist und das Autofahren auch keinen Spass mehr bedeutet. Dann werden wir froh sein, in der Nähe der notwendigen Infrastruktur daheim zu sein. So fanden wir eine kleine Wohnung, sehr schön gelegen mit absoluter Rundsicht in die heimischen Berge und trotzdem mitten im „Geschehen". Die Berge und der nahe gelegene See kenne ich aus meiner Jugendzeit beinahe auswendig und ich fühle mich sehr gut dabei. Hier im Ort sind wir sehr gut eingelebt. Wie schon am vorherigen Ort, so sind wir auch hier nun in einem Chor dabei, was uns sehr freut. Denn Singen bedeutet doch „in der Sprache der Musik sprechen" und Musik ist die Sprache des Herzens.

Es war auch der Gedanke, noch einige Reisen nach Suriname und Afrika zu unternehmen, der uns dazu bewegte, unser

Wohnsitz in die Zentralschweiz zu verlegen und ebenso , dass das Begrüssen oder Verabschieden am Flughafen näher ist. Es ist nur noch eine kleine Wohnung ohne arbeitsintensive Umgebung zu hinterlassen, lediglich den Schlüssel zu drehen und ab zum Flughafen!

Im Frühjahr 2007 verliess auch die Tochter die Schweiz und lebt seither in Suriname. Im Sommer gleichen Jahres reisten auch wir dorthin und lernten ein für uns ganz neues Stück Erde mit absolut tropischem Klima, entsprechend neuen, für uns unbekannten Pflanzen, und nicht zuletzt eine ganz andere Kultur, kennen. Für uns hatte die Tochter dort eine Reise ins Innenland, d.h. zu den Dörfer der Regenwaldbewohnern organisiert, denn sie ist nun in einem Tourismus-Projekt involviert. Da geht es darum, diesen Menschen, es sind Nachkommen der damals durch die Niederlande aus Nordafrika, vorzugsweise aus Ghana, hergeholter Sklaven, nun zu einer nachhaltigen Entwicklung zu verhelfen.
Die Fahrt dorthin begann mit dem Auto 4WD während ca. 4 Stunden. Dort erreichten wir am Fluss Saramacca eine Stelle mit einigen einfachen Aussenborder, welche von hier die meisten Dörfer im Urwald, es sind total 21, anlaufen. Unser Ziel konnten wir immerhin in etwa 2 Stunden abenteuerlicher Fahrt auf diesem Fluss erreichen. Wir wurden mit einem grossen Willkomm empfangen und die Woche unseres Bleibens war erfüllt von überschwänglicher Freundlichkeit und Zuvorkommenheit. Für den Rückweg war es uns möglich, bei einem Buschpiloten ins Flugzeug zu steigen.

Im Herbst 2012 flogen wir wieder nach Malawi, diesmal zusammen mit unserer Tochter und ihrem Partner, welche hierzu den Flug Suriname – Amsterdam – Malawi so buchten, dass wir einander in Amsterdam treffen konnten, denn unser Flug ging von Zürich via Amsterdam nach Malawi. So konnten wir den weiten Flug zusammen geniessen. Der Zweck unserer gemeinsamen Reise galt der Hochzeit von unserem Sohn mit seiner neuen Frau. Er lernte sie relativ kurz vorher kennen, als sie in Malawi in den Ferien weilte. Sie ist wohl von dort, lebt und arbeitet jedoch schon seit mehreren Jahren in England. Er erzählte uns, wie früher seine nun verstorbene Frau bereits von dieser Frau erzählt habe, wenn diese in den Coiffeursalon kam und von England schwärmte. Und nun steht seine Hochzeit mit ihr vor der Tür.

Wir erlebten ein absolut schönes Fest und sind anschliessend noch ca. 2 Wochen geblieben bis zum Rückflug in die Schweiz.

Leider blieb dem Sohn mit seiner ersten Frau der Kinderwunsch aus. Nun erhielten wir im Verlaufe des Jahres 2013 die freudige Nachricht vom Sohn, dass wir Grosseltern werden und Anfang Januar 2014 wurde uns eine Enkelin geboren. Für die Geburt reisten sie, der besseren medizinischen Versorgung wegen, nach England. Da war es für uns ein absolutes Muss, doch schnell einen Flug via Amsterdam nach Norwich in England zu buchen. So konnten wir denn auch die Kleine bereits begrüssen und wir verbrachten alle zusammen ein paar tolle Tage.

Leider war ich im 2014 gesundheitlich nicht in der Lage eine Reise nach Malawi zu unternehmen und so kam dann der Sohn mit seiner Familie zu Weihnachten / Neujahr 2014/2015 zu uns. Kurz nach ihrer Abreise sind auch wir aufgebrochen und wieder via Amsterdam nach Suriname zur Tochter gereist. Sie ist nun dort so gut eingelebt dass sie über einen sehr grossen Bekanntenkreis verfügt und wir während eines Monats mit ihr sehr viel Interessantes kennen lernen und viel erleben durften. Zum Beispiel ein Ausflug zum Bigi Pan. Dies ist eine grosse Süsswasserlagune, aber nirgends tiefer als ca. 70 bis

100 cm. Nach einer Halbtagesfahrt mit dem Auto sind wir per Kleinboot auf einem Fluss ungefähr 2 Stunden gefahren bis wir am Ort, d.h. in einem Haus, gebaut wie zu Pfahlbauerzeiten, auf Holzpfählen draussen auf diesem Bigi Pan, ankamen. Am Abend bei Dämmerung wurden wir in einer halbstündigen Fahrt mit einem Aussenborder in die Nähe des gegenüberliegenden Ufers geführt und 100 Meter ausserhalb der Uferzone galt es, stille zu sein. Da kamen sie, die abertausenden roten Ibisse und ganze Kolonien rote Flamingos um sich in den Bäumen und am Uferboden ihr Nachtlager einzunehmen. Das gleiche Spiel konnte am Morgen bei Tagesanbruch wieder beobachtet werden, nur diesmal war es ihr Aufwachen und Wegfliegen.

So hatten wir unsere Reisetage mit allerlei Erlebnissen gefüllt und sind voller Eindrücke wieder in unser Daheim zurück gereist.

Gegen Ende des Jahres 2015 erhielten wir vom Sohn Bericht, dass wir dann Ende April des folgenden Jahres zum zweiten male Grosseltern werden. Diese Nachricht machte uns grosse Freude. Anfang Jahr wurde der Sohn ganz überrascht für einen einwöchigen Ausbildungskurs bei einem seiner Geschäftspartner in der Schweiz für seine in Malawi zu wartenden Spitalgeräte einberufen. Da legte er noch 3 Tage dazu um mit uns zu sein und auch andere private Obliegenheiten zu erledigen. Wir benutzten diese Gelegenheit für die Planung eines Besuches in England, sobald die Geburt dort erfolgt ist. Auch diesmal reisten sie für die Geburt nach Norwich, denn auch in medizinischer Hinsicht ist der Unterschied zu Afrika eine Reise wert. Auch die Tochter war sofort begeistert, als sie hörte, dass sie ein Patenkind erhalte. Sie plante den Flug via Amsterdam nach Zürich, blieb für einen Monat unser Gast und so konnten wir einen Flug planen, mit welchem wir dann zu Dritt nach

Norwich reisen und während einer Woche mit viel Fröhlichkeit zusammen unsere neue Enkelin in unsern Reihen hier auf Erden willkommen heissten.

Für Nov. 2016 war wieder ein Aufenthalt beim Sohn in Malawi geplant. Im Juli kam jedoch von ihm die Einladung, wir sollen doch Anfang Sept. schon kommen, dann gäbe es für uns ein Erlebnis besonderer Art. Also haben wir spontan umgeplant und sind am Freitag des 2.Sept. gereist. Es war eine sehr hektische Reise, waren doch die Zwischenzeiten auf den 2 grossen Flughäfen Frankfurt und Johannisburg sehr knapp bemessen und wir mussten regelrecht spurten bis zum neuen Gate für die Flug-Fortsetzung. Dazu kamen die vielen Kontroll-Wiederholungen, welche wir bei der Planung zu wenig berücksichtigt hatten. Maria war direkt am Ende ihrer Kräfte als wir auf unserm Sitz des Flugzeuges zur Fortsetzung der Reise Platz genommen hatten. Am andern Tag, Samstag Mittag, wurden wir vom Sohn und seiner Familie mit einem herzlichen Willkommen begrüsst. Kaum bei ihnen zu Hause angekommen wurden wir in die Planung der 4 kommenden Wochen eingeweiht. So begann für mich bereits am folgenden Tag die Arbeit zusammen mit dem Sohn zur Fertigung neuer Kästen für die Küche. Es gab zu Sägen, Hobeln, Schleifen, Bohren u.s.w. und am Ende der ersten Woche waren die Einzelteile für diese Möbel bereits zur Zusammensetzung vorbereitet. Es war für uns beide recht befriedigt zu Arbeiten mit den von mir vor einiger Zeit zu Hause organisierten Holzbearbeitungsmaschinen, welche ich zu ihm schicken liess. Auch er hat sich für diese Arbeit vorbereitet, und z.B. einen schon lange notwendig gewordenen Generator angeschafft, denn in Malawi war seit längerer Zeit die öffentliche Infrastruktur zusammengebrochen und jeder musste selber darum bemüht sein, wollte er z.B. Elektrizität für allfällige Geräte oder Maschinen benützen!

Auch mit der Wasser- Menge und –Qualität war es ein täglicher Kampf. Zum Glück besitzt er ein eigenes Wasserloch und kann dort für den allgemeinen Bedarf Wasser pumpen. Zum Gebrauch des von der öffentlichen Wasserversorgung benutzten Wassers hat er sich eine sehr gut funktionierende Filter-Anlage moniert.

Nun begann bereits die zweite Woche unseres Aufenthaltes. Weil der Sohn jedes Jahr für sein Flugzeug in Südafrika eine Testwoche zur Prüfung des technischen Zustandes einzuplanen hat, und gleichzeitig bei der zuständigen Flugmedizinischen Stelle sich selber testen muss, hat er nun die kommende Woche hierfür geplant und in Südafrika die notwendigen Termine organisiert. Am Sonntag, es war sehr gutes Flugwetter, haben wir mit ihm in seiner Cessna Platz genommen, die Kopfhörer, zur Kommunikation untereinander, über den Kopf gestülpt und los ging's aufs Startfeld beim Flughafen Chileka in Blantyre. Den Flug über die nähere Umgebung hatten wir ja bereits schon einige male erlebt, aber diesmal flog er während der nächsten 3 ½ Stunden über Malawi hinaus, über Mosambique, teilweise übers offene Meer und landete beim Flughafen Vilankulos, weit unten in Mosambique, direkt am Meer gelegen. Diese Zwischenlandung war notwendig, um Treibstoff aufzutanken und uns in diesem Land für unseren Überflug sowie für die Lande-Erlaubnis und dadurch notwendigen Aufenthalt von einer Nacht, registrieren zu lassen. Diese sog. Papierbezw. Formular-Erledigung war eine, wie man es auch empfindet, eher nervenaufreibende oder eher belustigende Prozedur, zusammen mit mehreren dort auf Arbeit wartenden Angestellten.

Wir liessen uns von einem Taxi hinaus fahren, ausserhalb des Dorfes in eine schöne Loge direkt am Strand gelegen. Es war ein erholsamer, schöner Abend, wie wir da mit hochgestülpten Hosen im seichten Strandwasser herumpflotschten. Die grössere Tochter, die auch dabei war, war überglücklich jungen Krebsen nachzuhuschen. Ein kleines Schneckenhäuschen ist Maria aufgefallen, sie hob es auf und soeben kroch ein kleiner Krebs hervor um zu gucken was da wohl los sei. Nach einigen spannenden Minuten liessen wir ihm wieder die Freiheit im warmen Meereswasser und schwups war er samt seinem Schneckenhäuschen im Sand verkrochen.

Am nächsten Morgen wurde unser Flug fortgesetzt und die nächsten 3 Stunden flogen wir im Tiefflug über Mosambiques Busch. Da waren hie und da ein Buschfeuer oder ein paar menschliche Behausungen zu sehen, oder viele Flussläufe, von welchen nur einige wenige ein Rinnsal von Wasser führten, alle übrigen sich ausgetrocknet zeigten wie generell die ganze Landschaft ausgetrocknet erschien. Tiere haben wir entgegen unserer Erwartung keine gesichtet. Der Sohn meinte, das sei nicht verwunderlich, war doch in Mosambique während mehrerer Jahre Bürgerkrieg und die Truppen der Rebellen lebten vorwiegend im Busch und ernährten sich von den hier lebenden Tieren. Übrigens gab es Gebiete, welche er mit einer grössern Flughöhe überflog, weil bereits wieder ein neuer Krieg aufflammt und die Gefahr vom Gebrauch der Schusswaffen in den Händen der Rebellen gross sein könnte.

Plötzlich waren wir in gebirgiger Gegend, deren Anblick wir im möglichen Tiefflug ganz besonders genossen. Wir hatten vor ein paar Minuten die Grenze zu Südafrika überflogen und die steppenartige Buschgegend wechselte abrupt in diese abwechslungsreiche Gegend, wo wir auch den bekannten Krügerpark überflogen und auf einer Piste des Krüger-Flughafens landeten. Hier mussten wir uns wieder registrieren lassen, haben wir doch das Land von Südafrika betreten und wollen auch für mind. eine Woche in diesem Land bleiben. Nach reibungsloser und rasch erfolgter Registrierung und erneuten Auftanken des Flugzeuges wurde die letzte Etappe gestartet und nach knapp 2 Stunden waren wir auf unserm Ziel-Flugplatz Wonderboom, welcher bereits auf dem Boden von Pretoria ist. Direkt am Flugplatz mit Sicht auf die Lande- und Startfelder und auf das ganze tägliche Getue der Leute aller Gattungen durften wir ein Zimmer beziehen. Der Sohn und seine Tochter hatten nur ein paar Türen weiter ihr Zimmer, denn Morgen wird er am Flughafen O.R.Tambo, das ist der Flughafen in Johannisburg für Kontinentalflüge, die andere Hälfte seiner Familie abholen, welche der Kleinen wegen mit dem offiz. Linienflug angereist kommen. Diese Woche hatten Maria und ich Zeit, dem Leben auf einem Flughafen zuzuschauen während unser Pilot mit seiner Familie ihren „Geschäften" nachgingen.. Am Ende dieser Woche hiess es, „unser" Flugzeug brauche noch 2 zusätzliche Tage um eine notwendige Reparatur auszuführen. Akillah hat bereits ihr Flugticket gebucht und so blieben wir Kleinflugzeug-Passagiere noch zurück und fuhren einige mal zusammen in die Stadt, deren Grösse doch sehr eindrücklich ist. Am Donnerstag wurde dann zum Rückflug nach Blantyre gestartet mit den gleichen Zwischenlandungen wie beim Hinflug.

Das ganze Flugerlebnis war für uns eine wirklich einmalig riesige Erfahrung mit vielen, vielen Eindrücken aus der Luft und am Boden. Ich hatte schon als junger Mann grosses Interesse, verbunden mit entsprechenden Wünschen an der Fliegerei. Jetzt als Abschluss meiner Reisetätigkeit wurde nun vieles von damals Realität. Ich bin versucht zu sagen, es ist die Krönung, wenn ich rückblickend alle meine Flugerlebnisse im Geiste betrachte. Es sind dies der Flug mit dem Looping damals über dem Sarnersee, dann zu unserem 25-jährigen Hochzeitstag ein Alpenflug mit Start in Kägiswil, später zu meinem fünfzigsten Geburtstag erhielt ich von meiner Tochter einen Segelflug ganz besonderer Art, nämlich zeitlich sehr ausgedehnt und vor allen Dingen, weil der Pilot Segelfluglehrer war, organisierte er mit allen Clubmitgliedern eine sog. Aussenlandung und anschliessend beim Bauernhof auf dessen Ackerfeld unsere Landung war, ein Barbeque. Und nun in den letzten Jahren viele Malawi-Inlandflüge, z.B. einmal ein Besuch in einem Wildpark und beim anschliessenden Start überquerten just im Moment wo die Phase zum Abheben vom Boden eingeleitet wurde, 3 oder 4 Wildschweine im Galopp die Startbahn. Die Reaktion unseres Piloten war wirklich phantastisch, blieb doch zwischen den Flugzeugrädern und den Wildschweinrücken sicher nicht mehr als ein cm, aber wie so oft genügt ein cm zum Überleben!

Für den Rest unseres Malawi-Aufenthaltes war für mich noch genügend Arbeit mit der „Küchenmöblierung" und für Maria mit Anpassen der Längen bei neuen Vorhängen, vorhanden. Leider plagte mich von Tag zu Tag zunehmend ein Husten, den ich einer Erkältung zuordnete und versuchte mit Tee der Lage Herr zu werden. Es nahte der Samstag, der 1. Okt. an dem wir wieder zum Flughafen gebracht wurden um uns auf den Flug nach Hause zu begeben.
Zu Hause angelangt, am Sonntag Vormittag, waren wir so müde von der Reise, dass wir sofort nur noch schlafen wollten. Ich musste dann anderntags sofort zum Arzt, denn in der Nacht hatte ich zum Ersticken nahe Hustenanfälle. Es stellte sich heraus, dass ich unter einem Keuchhusten litt, den ich irgend wo in Afrika „angesteckt" bekam. Wir waren beide noch eine ganze Woche nicht so richtig auf dem Damm. Es konnte daran liegen, dass wir uns zwischen Hin-und Rückflug nicht wie andere male üblich mit Nichtstun ausgeruht hatten, oder es war die ganze hektische Zeit inkl. Flughafenstress. Tatsache ist, dass wir uns eingestehen müssen, eine solche Reise ist in Zukunft vermutlich eher jüngern Leuten zu überlassen.

Gerne würden wir die vielen Fotos, welche wir auf allen unsern Reisen geknipst haben, hier anhängen, was aus verständlichen Gründen doch nicht so einfach ist. Natürlich sind sie heute alle online vorhanden. Die Tochter, zum Beruf Grafikerin, konnte uns sicher einige Tricks in der heutigen Fotoverarbeitung beibringen, aber wie das so üblich ist, laufen diese Unterweisungen in einem Tempo ab, durch das wir nicht alles so rasch begreifen können und so bleibt es auch für die Zukunft noch ein wenig stümperhaft. Aber trotzdem sind wir nun jetzt in der Lage, zu unserer Zufriedenheit alle getätigten Bilder zu jeder Zeit „hervorzuholen" und mit Freude uns in all die Situationen hinein zu denken. Doch Tatsache ist, wir müssen uns nun einfach eingestehen, dass wir jetzt 80 sind. Das heisst natürlich nicht, dass wir nichts mehr tun, aber dass wir weitere solche Unternehmungen mit Bedacht und dem Alter entsprechender Vorbereitung angehen. Selbstverständlich wollen wir die uns in diesem Welttheater zugeteilte letzte Rolle noch mit voller Inbrunst und zur Zufriedenheit aller spielen.

In diesem Gedanken sind wir dann eines Tages zum Ort meines damaligen Elternhauses gefahren. Nach so vielen Jahren muss man auch hier wie überall grosse Veränderungen in den Landwirtschafts- bzw. baurechtlichen Einzonungen akzeptieren. Trotz aller Veränderung ringsum ist mein Elternhaus von damals, wenn auch etwas umgebaut, doch noch zu erkennen. Es trägt sogar eine grosse Beschriftung mit integriertem Namen meines Vaters. Gross ist geschrieben: KUNSTIHUIS, denn der Vater wurde, schon solange ich mich erinnere, einfach „Kunsti" genannt, als Abkürzung von seinem Vorname „Konstantin". Von dort sind wir weitergefahren zum Hotel am See, wo wir, Maria und ich vor vielen Jahren unser gemeinsames Leben begonnen haben. Leider hing da am Eingang eine Hinweistafel, dass das Hotel vorderhand nicht mehr geöffnet werde. Zum guten Glück haben wir noch vor unserer Afrikareise hier zu Mittag gegessen und zu diesem Zeitpunkt hing hier in der Eingangshalle immer noch das Bild meines Vaters, gemalt damals von dem jungen Hotelbesitzer Paul Townsend, welcher mir die ersten Sprachkenntnisse in Englisch beigebracht hat. Dieses Bild zeigt den Vater in seiner Montur als er als sog. Helmibläser tätig war. Das war die geschichtliche Begleitperson des Stadt- oder Landamanns in früheren Zeiten bei wichtigen Anlässen, wie z.B. bei der Landsgemeinde. Auch heute noch sind solche geschichtlich vielsagende lebende Kulissen noch in Aktion.

Gerne zeige ich hier dieses Bild. Es wurde von genannten Hoteliers immer wie ein Heiligenbild gehandhabt weil der Vater damals in den sehr schwierigen Zeiten, ihnen viel geholfen hat. (es existieren versch. Bücher über die interessante Geschichte dieses Hotels) Das gemalte Gesicht zeigt den Vater wie ich ihn in Erinnerung habe.

Also hier an diesem Ort hat es begonnen und hierher bin ich zurückgekehrt. Der Kreis hat sich nun geschlossen.

Und trotzdem geht es weiter

Der Kreis ist wohl geschlossen, das ist aber noch lange nicht das Ende. Denn ein Kreis endet nicht. So liegt wohl die Frage im Raum, was geschieht denn nun? Objektiv betrachtet, sagen wir wohl, dass jetzt der Kreis geschlossen ist, aber ein bisschen in die „Tiefe" gedacht frage ich, ob ich deshalb den Kreis trennen muss oder kann, um sagen zu können, jetzt bin ich am Ende. Ich meine, ich befinde mich nun in der sog. Zeit-Sequenz wo ein neuer Umgang des Kreises beginnt. Diese Zeit-Sequenz erstreckt sich über eine nach menschlichem Begriff unbestimmte Distanz und ich glaube nicht, dass ich den gleichen Kreis wieder beginne zu gehen, ansonsten müsste ich diesen immer und immer wieder gehen, was sicher nicht dem schöpferischen Sinn entspricht. Auch glaube ich nicht an die Art und Weise der Wiedergeburt nach dem indischen Kasten-Denken. Ich denke, es ist besser mit dem Begriff einer Spirale zu erklären, dass im Moment, da wir glauben der Kreis sei geschlossen, während einer für uns unbekannten Grösse dieser Zeit-Sequenz, der „Weg" hinauf führt in den Kreisumgang auf der nächsten Stufe, das heisst, dem soeben beendeten Umgang darüber liegend. Dieser Gedankengang tönt allerdings sehr materiell bezogen, kann aber der geistigen Hintergrund-Grösse entsprechend nicht anders verfasst werden, da die notwendigen Begriffe, wenn es sie überhaupt gibt, für uns Nicht-Wissenschaftler sowieso unverständlich sind, solange die Menschen noch nach Art und Grössen der immateriellen Welt am grübeln sind. Die beschriebenen Gedanken lassen natürlich die Tatsache offen, dass ich nun während der für mich jetzt aktuellen Zeit-Sequenz eines Tages meinen Körper verlassen muss, weil ein nächster Kreisumgang logischerweise nicht mehr in derselben Manifestation, sondern zuerst mal auf einer geistigen Ebene stattfinden muss. Das Wort „Ebene" ist auch ein Wort, welches gedanklich transferiert werden muss in eine Sprache für immaterielle Vorgänge. Auch müssen wir versuchen, unser Denken ein wenig auszudehnen oder besser gesagt auszurichten in eine Welt des Mikrokosmos. Wenn uns das gelingt, können wir die unbeschreiblichsten Erfahrungen machen bezüglich unserm SEIN. Nun, wie werde ich wohl den nächsten Kreisumgang begehen, da ich doch in der Zeit-Sequenz dazwischen meinen Körper ablegen werde. Wir wissen nicht, in welcher Form wir nach dem Ablegen des Körpers sein werden. Trotzdem sollten wir unsere Zweifel, ob es überhaupt eine nächste Rundung gibt, versuchen wegzulegen. Nur schon die Tatsache, dass nie und nimmer etwas, welches einmal existiert, wieder vernichtet werden kann, müssen wir als gegeben akzeptieren. Jedes „Ding" kann lediglich in eine andere Seins-Form umgewandelt werden, wie Wasser in Dampf, wo die letzte Mikro-Struktur jedoch bestehen bleibt. Aber da fragt man, woher kommt all das was existiert? Eine relativ einfache Antwort heisst: „Alles was war und was ist und was sein wird, ist im ALLES enthalten". Und wenn wir das ALLES begreifen könnten, wären wir ausserhalb von diesem und somit in keiner Form existent.

Auf Grund all dieser Gedanken liegt die Frage nahe, was denn das Leben ist? Während all der Jahre durfte ich oft Erfahrungen machen welche mir sucessive ein bisschen Einblick erlaubten in die geistige Welt unseres Daseins. So ist auch immer wieder der Kreis als wichtige Komponente mit im Spiel. Der Kreis wird benutzt für die vielfältigsten Dinge in allen Belangen des Lebens. Die gesamte Industrialisierung wäre ohne den Kreis nicht denkbar. Faszinierend ist auch der ringförmige Teilchenbeschleuniger vom CERN. Hier suchen die Physiker mittels des Ringes nach dem Ursprung des Lebens. Und bei dieser sog. Teilchenforschung ist man schon sehr sehr weit in die nicht mehr fassbare Welt eingedrungen. Und die Suche geht weiter. Für uns „Gewöhnlichen" ist es nicht nachvollziehbar, was auf der Ebene, auf welcher man von Teilchen spricht, im Detail passiert, aber wir können versuchen, uns einfach einmal von unserer grobmateriellen Ebene ein bisschen abzusetzen und akzeptieren, dass auch die „Teilchen" welche durch die Physiker erforscht sind, noch lange nicht ALLES bedeuten. Immer und immer wieder gibt es eine Teilbarkeit und irgend wann kommt man zum Schluss, es ist das „Nichts", welches wir nie verstehen werden solange wir im materiellen Körper sind. Das „Nichts", ich vergleiche es mit einem sog. schwarzen Loch im Universum, in dem keine Materie, sondern nur noch reine unendliche Energie herrscht. Das ganze Universum, in einem von Menschen nicht nachvollziehbaren Grössenverhältnis, welches sich nach heutigen Erkenntnissen, unaufhörlich weiter und weiter expandiert, ist selber in sich die reine unendliche Energie. Und die gesamte Schöpfung ist diese Energie. Wir dürfen hier einen Moment auch zurücklehnen und in Stille uns sagen: das ist wirklich GÖTTLICH.

Gehen wir einen Gedanken weiter und sagen, wenn die ganze Schöpfung aus dieser unendlichen, göttlichen Energie besteht, so ist alles was wir Materie nennen, natürlich uns mit eingeschlossen, der Zustand einer Kristallisation, ähnlich den verschiedenen Zuständen bei Wasser, wenn es zu Eis gefriert oder verdampft. Immer ist es Wasser. Und die unendlich vielen Kristallisations-Zustände in der materiellen Welt sind somit immer Teil der gleichen göttlichen Energie. Es ist also alles ein und dieselbe Energie, welche in allem steckt! Diese Energie kann nie vernichtet werden, sondern nur sich in einer andern Gestaltung wieder äussern. Trotz den riesigen Fortschritten in der Teilchenforschung und im Suchen nach dem „Leben" gibt es keine klare Aussage, was beim Tod eines Menschen mit der durch den Tod freigesetzten Energie passiert. Nach all dem gesagten, scheint mir klar zu sein, dass sich diese vom sterbenden Mensch freigesetzte Energie in einem andern Zustand kristallisiert und dem Gesetz der Schöpfung entsprechend ist die neue Kristallisation um eine Entwicklungsstufe höher und dadurch nicht mehr nach unsern Begriffen materiell. Ich nenne den Zustand bewusst „höher", weil von uns Menschen aus gesehen die Qualität eines Dinges nach höher oder niedriger beurteilt wird. Da also alles EINS ist und nichts verloren geht, wird auch der Tod für uns nicht das Ende sein, sondern ein neuer Anfang in einem andern Energiezustand. Dass das so ist, durfte ich erleben, als ich im Verlaufe meines Lebens Gelegenheit hatte, solche sog. Energie-Manifestationen verstorbener zu erfahren. Die menschliche Grundmatrix bleibt in der neuen Kristallisation bestehen, jedoch nach neuen Energie-Gesetzen, welche uns als Menschen verborgen bleiben. Ich versuchte mir einmal als Beilspiel vorzustellen, ich wäre eine Raupe und fragte mich, ob ich als Raupe wohl wissen kann, dass ich in absehbarer Zeit ein Schmetterling sein werde. Es sind beides, die Raupe und der Schmetterling, verschiedene Manifestationen und doch aus der gleichen Energie und sie kristallisieren sich wieder neu aber mit anderer Manifestation.

Was könnte es denn sein? Das Leben? Aus dem bisher gesagten gehen wir davon aus, dass wir nach unserm Tod in einer andern Existenz-Form den nächsten Kreisumgang antreten werden. Die Frage, ob die nächste Existenz-Form wieder ein menschlicher Körper sein wird, möchte ich mit „ja, aber nicht zwingend" beantworten. Auch in meiner eigenen Lebensgeschichte habe ich meine diesbezügliche Erfahrung beschrieben. Ich glaube nicht, dass es eine Regel gibt, in welcher der unendlich vielen SEINS-Formen wir den nächsten Umgang machen werden. Hier denke ich nochmal an das Erlebnis im indischen Slum mit den sogenannt Unberührbaren. Wir gehen gut, wenn wir akzeptieren können, dass sowohl wieder menschliche Körper angenommen werden als auch eine geistige Form beibehalten wird wie die Erfahrungen mit entweder Spontan-Erscheinungen von Wesenheiten oder Kontakte während einer Meditation u.s.w. zeigen. Auch müssen wir in diesem Zusammenhang unsere Zeitbegriffe ablegen, denn vom Moment des Todes an gibt es keine Zeit mehr. Also kann die für uns nächste SEINS-Form für unser Verständnis irgendwann im nie begonnenen und nie endenden „ES IST" manifestiert werden. Daher sollten wir nicht zwangsweise Kontakte mit Verstorbenen herbeirufen, denn wir handeln in einem Zeitdenken nach unseren Begriffen und das kann nicht identisch sein mit der immateriellen Zeitlosigkeit. Und zudem sind oft jene noch für unser Denken erreichbare Wesenheiten solche die sich noch in der sog. Zeit-Zone zwischen HIER und DORT befinden, das heisst, dass sie die Methamorphose noch nicht ganz beendet haben und so noch stark in der materiellen Welt hängen. Solche Wesenheiten sind bestrebt, sich an einen menschlichen Körper zu heften, und dies gelingt ihnen in schlecht geführten Übungen zur sog. Erkundung des Mentalen oder bei zwangsweiser Herbeirufung in Meditationen am besten. Es ist verständlich, dass nicht alle für uns noch unsichtbaren Wesen gut für uns sind. Lassen wir uns einfach in ruhigen Momenten oder während gezielt durchgeführten Meditationen in die mentale Welt „fallen" ohne Kontakte mit andern Wesen nehmen zu wollen, vielmehr um mit unserem eigenen ICH BIN, EINS zu werden. Denn unser eigenes ICH BIN oder SELBST kennen wir in der Regel zu wenig und wir gehen gut daran, in jeder Lebens-Situation mit diesem in Kontakt zu gehen, ihm immer wieder für alles zu danken und in allen Lagen um Beistand zu bitten. Für Übungen in dieser Richtung werden beinahe massenhaft Bücher und Kurse angeboten. Es liegt mir nicht, hier einen diesbezüglichen Kurs anzuhängen oder eine spez. Literatur hervorzuheben. Wunderbarerweise wird dem Menschen das Denken auf den Weg ins Leben mitgegeben. Doch denken allein ist noch nicht alles! Man redet häufig von Intuition und ich weiss, viele Menschen mögen das nicht akzeptieren. Für diese ist Denken das unabdingbare Rezept für Fortschritt und Erfolg. Dank meiner Erfahrungen und Interessen schon in jungen Jahren gegenüber der unsichtbaren nichtmateriellen Welt wünsche ich mir, Ihnen liebe Leserinnen und Leser, einige Ideen und Hilfen für das tägliche Leben mitzugeben. Man braucht kein Physiker und auch kein Esoteriker zu sein um sich ein wenig Einblick in die Wunderwelt des Unsichtbaren zu verschaffen. Ich möchte lediglich darauf hinweisen, dass nicht immer die mit viel Show oder komplizierten Vorgehensweisen verbundenen „Übungen" die Besten sind. Eigentlich weiss man schon viel, wenn man daran denkt, wie wir in uns ein Abbild der göttlichen Dreieinigkeit sind, nämlich das untere SELBST oder bekannt als Unterbewusstsein, dann das mittlere SELBT oder bekannt als der Körper, und dann das Hohe SELBST. Diese 3 SELBSTE als das EINE GÖTTLICHE ICH BIN. Mit unserm ICH BIN zu kommunizieren ist das A und O. Wir wissen, dass viele Gewohnheiten oder sprechen wir eher von Problemen, welche uns immer wieder durchwühlen, verschwinden, sobald wir deren Ursprung in unserm Unterbewusstsein aufgespürt und durch bewusstes „Auflösen" beseitigt haben. Auf diese Weise ist unser „SELBST" wirklich unser bester Freund und Helfer. Man darf ruhig sagen, es ist Gott in uns oder wie wir als Kind gelernt haben zum Schutzengel zu beten. Nicht in jeder Situation und auch nicht bei jedem Mensch gelingt es auf Anhieb. Deshalb am besten jeden Tag ein paar Minuten ruhig sein, die Augen schliessen, bewusst atmen, in Gedanken langsam (rückwärts) von 10 bis 1 zählen und versuchen, einen Moment lang einfach da zu sein. Nach einiger Übung kannst Du versuchen, Dein unteres SELBT mit einem

Namen (den Du für Dich behältst) anzusprechen und ihn oder sie um Beistand zu bitten und nie vergessen zu danken.

Ich hatte einen lieben und tüchtigen Vater, wie bereits beschrieben, übte er den Beruf als Küfer aus. Ich hatte nie gefragt, warum und wo er dieses Handwerk erlernt hatte, für mich war er einfach der Küfer. Schon bald nach unserer Wohnsitznahme (siehe weiter oben) im Kanton Zug, wurde von meinem Arbeitgeber verlangt, auf einer Bank ein Konto zu eröffnen für die monatliche Überweisung des Lohnes. Zu dieser Zeit gab es noch sog. Bank-Inkassostellen, in der Regel von der Frau eines Lehrers zu Hause ausgeübt. Da ging auch meine Maria jeweils hin um Geld für den täglichen Bedarf vom Konto abzuheben. Bei einem solchen Besuch wollte die Frau dieser Inkassostelle auf Grund meines Namens wissen, wo ich aufgewachsen sei und wer denn der Vater gewesen sei. Als Maria ihr meine Herkunft verraten hatte, erzählte sie, wie sie vor vielen Jahren mit meinem Vater die Berufsschule besuchte und jeweils an den Wochenenden mit ihm bei ihr zu Hause zusammen mit ihren Eltern Karten gespielt habe. Diese Frau erzählte dann auch, dass mein Vater als junger Bursche in ihrem Nachbardorf auf einem Bauernhof als Knecht beschäftigt war, aber eines Nachts mit seinem Hab und Gut im Rucksack auf und davon ging, weil er seine Zukunft nicht als Knecht gesehen hat. Er habe einige Tage vor seinem dortigen Ausbruch im hiesigen Dorf, einige km entfernt von seinem Arbeitsort, bei einem Küfermeister um die Möglichkeit dieses Handwerk zu erlernen, nachgefragt und durfte auch sofort dort damit beginnen.
Mein Vater war zu dieser Zeit, als ich diese seine Geschichte erfuhr, bereits ein paar Jahre verstorben, für mich war das jedoch sehr interessant. Zur Zeit als sich diese Geschichte des Vaters ereignete, war er im Alter von ungefähr 14 Jahren und

es war bei Beginn des ersten Weltkrieges. Es musste damals für ihn und natürlich als Folge für seine Eltern eine Riesentat bedeutet haben, als Sohn einfacher Bergbauern sich so etwas zuzutrauen. War das ein freches unüberlegtes Handeln von meinem Vater oder war es durch wohlüberlegtes Denken erfolgt, oder war es ein auf Intuition erfolgtes spontanes Handeln? Ich bin mir sicher, er hat sich Gedanken gemacht wie er seine Zukunft gestalten kann. Also hat er gedacht und kam zum Schluss, dass er ein Handwerk erlernen will. Auf dem Bauernhof erlebte er, dass Fässer die für versch. Zwecke benötigt wurden, von Zeit zu Zeit durch einen Küfer aus dem Nachbardorf in Stand gestellt wurden. Und so kam zu seinem gedanklichen Entschluss, mit diesem Handwerk könnte er glücklich werden, eine Tat, welche wohl auf eine spontane Intuitivhandlung beruhte und sein Leben nahm einen ganz andern Verlauf. Ich bin mir aber sicher, dass damals mein Vater mit seinem SELBST darüber „diskutiert" hat und um die richtige Entscheidung gebeten hat. Auch von meiner Mutter habe ich gelernt, auf den „Schutzengel" in mir zu vertrauen.

Was kann uns all das Gesagte in unserm täglichen Leben helfen? Versuchen wir, daraus zu entnehmen, ob wir vielleicht beim Umgang mit den verschiedenen Problemen des Alltags etwas zum Guten verändern können. Um die gesamte Tragweite dieser Erkenntnisse zu erfahren braucht es vielleicht jedoch ein wenig Disziplin in den Denkgewohnheiten. Und hier will ich nun meine Ausführungen beschliessen. Danke!

Zum Abschluss der Beschreibung meiner Gedanken, hier 3 Foto meiner Eltern wie ich sie immer in Erinnerung habe.

Die Mutter in „jüngern" Jahren unterwegs im Dorf

Der Vater als Fahnenträger bei einer der vielen kirchlichen Prozessionen

Dieser Gesichtsausdruck von Vater und Mutter
bleibt immer vor meinem geistigen Auge.